丹波国馬路帯刀郷士覚書

人見 中川「両苗」郷士の存在形態と政治的運動

岡本幸雄

海鳥社

序

当著は、丹波国南桑田郡馬路村に中世ごろ定住し、近世を通して村方支配を行ってきた人見・中川「両苗」郷士の存在形態について、さらに、「両苗」郷士が幕末から明治維新にかけて行った政治的運動に関して若干の考察を与えることを課題としている。

人見・中川「両苗」の「由緒書」によれば、その信憑性はともかくも、両苗それぞれの出自において輝かしい経歴を有している。その詳細は後に譲ることとして、足利、織田、豊臣、徳川の天下統一過程における政変や幾多の戦乱にあっては、土豪・地侍・郷士としてそれぞれの軍役に奉仕し、時代の流れに巧みに対処しながら、中世から近世そして明治維新に至ることとなる。

ところで、馬路郷および両苗に関する中世史料は全く存在せず、近世についても徳川幕府直轄領時代のそれも極めて乏しく、史料の関係上ここに考察し得る時代領域は、主に幕府旗本杉浦内蔵允出雲守の知行所となつた元禄十一（一六九八）年五月以降に限らざるを得ない点、まずお断りしておかなければならない。

旗本杉浦氏は、丹波国では馬路組（四カ村、約二一四八・七石）、山国組（六カ村、約一三〇六・八石）、氷上組（十カ村、約二一〇七・五石）の三組合計二十か村約五五六三石余の領地を支配し、ほかに相模国に公称約二五〇〇石を所領していた約八千石の領主である。杉浦氏代々は主に江戸に居住し、丹波国の領地支配には京都を拠点に総支配役を常置し、三組支配の現地代官所（陣屋）を馬路村に設けていた。そして総支配役のもとで現地の直接支配にはその地方の有力者を代官に任用していた。この任に両苗郷士のうち主として人見家が当たった。領主杉浦氏と両苗郷士との間における郷士身分や利害の複雑な関係については、本文において明らかにするところである。

馬路に定住後の両苗は、その後累代血縁的結合を深めながら、両苗仲間・帯刀仲間の郷士集団を組織し、彼ら仲間・集団が遵守すべき規約「一族定」など設けて、両苗一族の結束を固め、郷村における権威・身分的地位の保持に努め、郷村において郷士としての身分を誇ってきたものである。丹波における「弓者連中」＝「地侍連合」の主要メンバーの一員でもあった。こうした身分を誇る両苗の、時代の流れとともに一般百姓との間に生じた紛争、また、かつて随身関係にあり家来とされてきた者たちとの対抗関係から見た彼らの村方支配の実態、さらには、両苗がよって立つ経済的基盤・地位などについて、田畑・高所有の構成を通して明らかにする。

以上、第一篇の人見・中川「両苗」の存在形態に続いて、第二編として、幕末期（嘉永～文久）杉浦氏の命による、また自らも「兵賦御奉公」と称し、「両苗」郷士たちが三度も江戸に出府し、攘夷運動に参加した実態、また、元治元年「大御所御伺」と称し、「両苗」の勤王精神の発露とも言うべき禁裏守衛（禁門の変）への行動、さらに、慶応四年山陰道鎮撫総督西園寺公望の下で丹波の治安と倒幕運動（戊辰戦争）に積極的に参加した「両苗」の、言わば政治的運動の展開過程を具体的に明らかにしたい。

なお、当著に直接関係した「人見家文書」を併載し大方の参考に供しておいた。

平成二十六年三月

岡本幸雄

丹波国帯刀郷士覚書◉目次

第一篇　「両苗」郷士の存在形態

馬路村の概観

丹波国南桑田郡馬路村（現・京都府亀岡市馬路町）は、亀岡（旧亀山）の北方約一里、大堰川東岸に接続する平地にあり、亀岡盆地のほぼ中央に位置する。

周知のごとく、この地方には奈良朝時代の地方政治の中心であった国府（丹波国船井郡本庄村大字屋賀）が存在し、また、信仰の灯点ともなっていた出雲神社（一ノ宮）ならびに国分僧寺が南桑田郡千歳村にあり、したがって、馬路村は早くから開けた土地柄であったと言える。

ところで、近世における馬路村の所領関係について見ると、元和元（一六一五）年八月より元禄十一（一六九八）年五月までの約八十三年間、徳川幕府の直轄領として代々幕府代官五味金右衛門、五味藤九郎、鈴木伊兵衛、五味藤九郎、小堀仁右衛門らの支配するところであったが、元禄十一年五月より江戸旗本杉浦内蔵允出雲守の知行所となり、明治元（一八六八）年七月馬路村が久美浜県管轄となるまでの約一七〇年間、旗本杉浦氏の代官として代々丹波知行所総支配役である太田郡右衛門、小林恒右衛門、松本利左衛門、広瀬直八郎らの支配を受けてきたものである。しかし、これら杉浦氏から派遣の総支配役は、丹波三組支配の中心として馬路に陣屋を設けてはいたが、ほとんど京都を本拠としていたことから、現地の直接支配を行う代官を務めてきたのが、両苗のうち主として人見家代々であった。

表1　馬路村田畑反別・分米構成

石盛	田畑反別		分米	
	実数	百分比	実数	百分比
上田1・4石	1,842畝21歩	18・1	257石978	18・6
中田1・3	2,397畝02歩	23・6	311石618	22・5
下田1・25	4,955畝01,9歩	48・7	619石383	45・5
小計	9,194畝24,9歩	90・4	1,188石979	86・1
上畑1・0石	818畝17歩	8・1	81石875	5・9
中畑0・8	21畝13歩	0・2	1石715	0・1
下畑0・6	136畝09歩	1・3	8石178	0・6
小計	976畝09歩	9・6	91石750	6・6
無地高			100・000	7・3
総計	10,171畝039歩	100	1,380石729	100

出典：馬路町自治会所蔵「村明細帳」（慶応四年）より作成。
備考：村高1501石7斗3升（但し山年貢19石2斗を除く）、此反別111町3反9畝28歩2厘、此内訳　両苗高（反別）1313石8斗3升5合（97町4反9畝20歩）、小番高（反別）187石8斗9升5合（13町9反8歩2厘）、内　御蔵御引高・前々永荒御引高・元文年中辰牛申川欠御引高121石1合（反別9町6反8畝24歩3厘）、引きて1380石7斗2升9合（101町7反1畝3歩9厘）。なお、田地の殆んどは二毛作であり、稲作を中心に棉作、麦、百合根、山林での松茸などが栽培されていた。

次に、馬路村の村高（土地）構成および人口について簡単に見ておこう。まず村高は、近世初期以来元禄十一年五月までは、村高一五〇一石七斗三升（この反別一一一町三反九畝二八歩二厘）であったが、同年五月杉浦氏知行所となったときに山年貢九石六斗を一九石二斗に増高して村高に編入された結果、村高一五二〇石九斗三升となり、明治に至ったものである。こうした馬路村の村高（田畑反別・分米構成）を「村明細帳」（慶応四年）によって具体的に示しておけば、表1のごとくである。

表1の備考欄に示されているように、山年貢高一九石二斗、蔵地・永荒・川欠引高一二二石一合（反別九町六反八畝二四歩三厘）を除いた数量を村高およびその反別として表示したものである。同表によって馬路村の耕地構成を見れば、田地が全体の九〇・四パーセントを占めており、しかも田地のうち下田が田畑全体の四八・七パーセント、中田を加えれば七二・三パーセントとなっていて、基準石盛から見ればこの村の田地の生産性は普通以上を出るものではなかったと言える。しかし、これは、近世初期よりの石盛に基づく評価であって、この村の実際の反当り収量は不明ではあるが、後述のように、人見完治家の計算例をもって推測すれば、宝暦－明和頃平均二石前後程度であったと考えられる。なお、馬路村には山林一三九町八反五畝一一歩があり、以上が同村の主たる経済的基盤をなすものであった。

次に、馬路村の人口および高持・水呑構成について見ておこう。表2のごとくである。

表2　馬路村人口・戸数および高持・水呑戸数構成

年次（年）	総人口（人）	内訳 高持（人） 男	高持（人） 女	水呑（人） 男	水呑（人） 女
宝暦12（1762）	1,252	398	365	247	242
安永3（1774）	1,286	205	196	466	419
安永9（1780）	1,322	208	208	472	434
天明6（1786）	1,241	200	198	441	402
寛政4（1792）	1,200	190	185	426	399
寛政10（1798）	1,199	180	202	430	387
文化1（1804）	1,195	179	201	428	387

年次（年）	実数（戸） 合計	実数（戸） 高持	実数（戸） 水呑	比率（%） 高持	比率（%） 水呑
宝暦12（1762）	313	168	145	53・7	46・3
安永3（1774）	319	182	137	57・1	42・9
安永9（1780）	311	98	213	31・5	68・5
天明6（1786）	311	98	213	31・5	68・5
寛政4（1792）	306	99	207	32・4	67・6
寛政10（1798）	289	84	205	29・3	70・7
文化1（1804）	290	85	205	29・3	70・7

出典：馬路町自治会所蔵文書より作成。

馬路村における人口は、おおよそ一二〇〇ないし一三〇〇人前後であって、一五二〇石余の村高とこの人口から見て近世の村落として比較的大規模な村であったと言える。因みに、桑田郡二〇八カ村の総高は五万二二〇四石二升六合であり、一村あたり平均二五〇石余であった。

ところで、右の人口に対しその戸数はおおよそ三〇〇戸前後であって、一戸あたりの耕作面積および石高規模を平均的に見れば、たとえば、最高の戸数を示す安永三年の場合一戸あたり約三反五畝、約四石七斗となり、最低の戸数を示す寛政十年の場合一戸あたり約三反八畝、約五石二斗である。もちろんこの耕作規模は平均であって、一戸それぞれが耕作する規模の実態について見れば、規模の階層性は徳川中期以降幕末にかけて次第に深められていくこととなる。表2によれば、馬路村では農民の階層分化が中期以降著しく行われていたことが明らかにできる。すなわち、宝暦十二年において高持百姓五三・七パーセントに対し水呑百姓四六・三パーセントの割合であり、安永三年には少しく高持の増加と水呑の減少が見られるが、安永九年に至っては高持三一・五パーセントに対し水呑六八・五パーセントと両者の間に急激な変動を示し、その後は著しい変動を見せてはいないが、水呑にやや増加の傾向を示している。このように馬路村では徳川中期以降著しい農民の階層分化が行われていたものである。この階層分化の具体的な契機、とりわけ安永三年から同九年の僅か六カ年の短期間に起きた急激な階層分化の契機は一体何にあったのかは明らかになし得ない。一般的には商業的農業の進展によって農民層の分解が行われたとされているが、近世における先進地帯摂津、山城などに近接し、当時、商業的農作物の典型とされる綿作が馬路村では中期以降すでに行われていたことに留意される。宝暦五年の記録に、「当年五月植付成リ申候所ニ、其後水損ニ而作方殊外悪作ニ而百姓難儀奉存候処ニ、其上八月廿五日大風ニ而稲綿共大分之損耗ニ而惣百姓難儀ニ奉存候、何卒御慈悲之上百姓相続仕候様ニ宜敷御了簡奉願上候、以上」、また、天明五年の記録に「当綿作格別不作ニ付、先達而御地頭様江御願申上候処、綿作之儀者百姓勝手筋之儀故一向御聞届ケ無御座候」云々とあり、綿作規模は不明だが、少なくとも十八世紀半ばには既に商品作物としての綿作が行われていたことは明らかである。(1)

なお、馬路村の行政形態に関して、南桑田「郡内各町村に於て特記すべき行政上の異例を認めざるも、唯旧馬路村に於てのみ是あり。同村にては大番、中番、小番の別称を為し、村高を氏族によりて分ち各様に負担を為し来れるなりとぞ」とあるが、(2)馬路村においては村高一五〇一石七斗三升（山年貢一九石二斗を除く）のうち一三一三石八斗三升五合はこれを両番高（一般的には両苗高といい、これは大番、中番を合わせた呼称である）、残り一八七石八斗九升五合はこれを小番高と称し、両苗組、小番組と称される組織それぞれに村方三役が置かれていた。こうした一村内における「行政上の異例」とされる二つの組の存在について、その詳細は後において触れるところである。

註

（1）人見家文書、宝暦五年亥五月「乍恐差上申口上書」・明和五年子十月馬路村会所「当御年貢御上納之事」（以下特別注記なき限り引用史料はすべて人見家文書である）、なお、安岡重明「幕末期丹波における綿作者の一考察—馬路村『綿田集控帳』（慶応二年）の分析—」（同志社大学人文科学研究所紀要第四号、一九六〇年十一月参照。

（2）京都府教育会編『南桑田郡誌』京都府教育会南桑田部会、一九二四年、六七頁。

両苗郷士の由緒

ここに言う両苗（両名・両姓）とは、人見、中川両苗一族を指している。この両苗の者がいかなる由緒を持ち、また、馬路にいつの時代より定住したものか、その真実を確証するに足る記録は十分に存在しない。その信憑性はともかくも、近世末に記された両苗の「由緒書」、その他の文書よりうかがえば[3]、人見一族は、「人皇三十代敏達天皇四代左大臣橘諸兄」を、中川一族は「清和源氏新羅三郎第五男子中川刑部太夫」をそれぞれ祖とされ、共に由緒の古さを誇っている。

ところで、両苗の馬路定住はいつの頃であったかは詳らかでないが、人見氏の場合、その由緒書に「当国北山中郷之義者、人皇五十代桓武天皇御宇従延暦年中（七八二－八〇五）被為在御遷都、禁裏御杣料被為在御定、大嘗会御用之竹木調進相勤申来り候」、「同六十二代村上天皇之御宇天徳四庚申年（九六〇）、内裏炎上御造営之節、市之允（筆者注・人見市之允）頭取仕竹を流し候、是則大井川筏之始ニ而御座候」、「四条院之御宇長和三甲寅年（一〇一四）内裏炎上之節、北山郷中江御用被仰付、材木御用相勤申候」とあり、平安京に遷都の際、あるいは二回の内裏炎上に際して竹木材のご用達など行ったとあり、そのほか「元暦元（一一八四）年三月廿日源頼朝公ヨリ御感状被下置相伝所持仕候」等の文書、あるいは、明治八（一八七五）年京都府権知事代理宛の「式内月読神社御取調ニ付奉差上口上書」に、「万事不詳、先祖人見次郎貞村（二十三代）江北条相模守時頼ヨリ当社ノ守護申附ラレ、当今迄連綿守護仕候」文書よりうかがえるように、人見氏は平安・鎌倉時代より馬路に居住していたものと考えられる。これに対し中川氏の場合、中沢「根元記」によれば、[4]「正中二乙丑（一三二五）秋、東山道中川の城主たりとて、源重光と名乗り、当国に落来り、当村の長家辻甚吉郎是をかくまひ置也、其後正慶歳年中（一三三二－一三三三）に足利尊氏公当国篠村にて武浪を召集めたまふ時、中川禄左衛門尉重光と名乗り、尊氏公の御前に出仕す、則丹州舟井郡の感状を賜り馬路村に住す」とあり、「由緒書」によると「中川刑部太夫儀者、美濃国安八郡中川之庄居城爾時六郡ヲ領ス、其後十九代右近衛権少将、永禄四年辛酉（一五六一）五月織田信長之為ニ落城、右近衛権少将嫡子中務太夫共々自殺、其子二男四郎、三男五郎、叔父越中守と上洛ス、同年美濃落城之砌、中川五郎、同越中守丹波馬路落住居罷在」云々とあり、室町時代末すでに当地に居住していたものと思われる。この定住の折「折々村方混雑有之、郷士共治之、右為礼ト百姓共より郷士一統之屋敷四方堀ヲ修復致呉候事」と記されている。以上のごとく人見・中川両姓の丹波国馬路居住は、遠く中世ないし中世末に遡ることができ、そして、両苗はいつの時代よりか累代婚姻を通じて両者の血縁的結合を深めその後に至ったものである。

ところで、両苗が中世以来馬路に居住し、足利、織田、豊臣、徳川の天下統一の過程において、馬路のいわば在地土豪・地侍（武浪）として、常に時の政権あるいは権力の軍役に奉仕し、各地の戦役に参加したものであった。人見氏の場合、足利尊氏の丹波滞陣、丹波の土豪糾合に際しては「触頭」として尊氏の下に馳せ参じたとある。すなわち、「正平六（一三五一）年十一月十二日足利将軍尊氏公丹州御発向之節、当国郷士御招之節、触頭被仰附御書、相伝所持仕居候、軍功数度ニ附御感状等茂所持仕居候」とある。また、中川氏の場合も、人見氏と同様に尊氏より感状を受けたとされている点は先述のごとくである。また、人見氏は、「永正八（一五一一）年九月廿二日、高国公ヨリ御触書被下候而、軍役等相勤候」と細川高国の軍役を勤めており、あるいは、「天正四（一五七六）年三月五日織田信長公ヨリ被仰渡候御書所持仕候」、「同十年五月十四日、織田信孝公ヨリ中国御手配候御書所持仕候」に見るごとく、織田信長・信孝に奉仕し、天正十年豊臣秀吉の天下統一、翌年の大坂城築城に際しては、「御用相勤北山郷村々ヨリ材木川出し、保津村、山本村、嵯峨、梅津、桂郷之者、筏取次手配等相勤」、「文禄元（一五九二）年七月十六日、加藤主計頭ニ相随朝鮮征伐」に参加したとされている。一方中川氏は、「永禄六（一五六三）年六月十日、将軍足利義輝公之命ニ依而、丹波国船井郡給御印書、外ニ御太刀拝領」、「其後依義輝公之命ニ、所司代幷ニ寺社奉行相勤候事」、「同八年五月十九日、将軍義輝御生害、其後二代依義昭公之命ニ、中川八郎右衛門尉織田信長公ニ従軍ス」、「同十年信長公黒母衣十人衆被仰付、安土之城代相勤候事」、「同十二年八月二十八日、伊勢国大河内城責之砌、中川八郎右衛門出陣ス」、「元亀二（一五七一）年八月、佐久間右衛門尉、中川八郎右衛門尉、柴田修理之進、丹羽五郎左衛門尉右四人江被仰付、浅井之持城新村之城ヲ責落ス」、「将軍義昭公御没落之後、中川八郎左衛門尉丹波馬路江退キ住居仕候」、「天正十（一五八二）年明智日向守本能寺合戦之砌従軍、父兄之讎ヲ報ス」とされている。以上の人見、中川両苗の由緒が個々の記録についてどの程度信憑性を有するかは明確になし得ないが、両苗は古くから馬路の在地土豪あるいは地侍として、時の政変と軍役のめまぐるしい時代に巧に対処しながら、両苗一族の安泰を期し来たったことが想像されるのである。

周知のごとく、丹波国は、守護仁木氏、山名氏を経て、細川頼元入国（明徳三年、一三九二）以来その子孫の支配するところとなり、数多の土豪・地侍はその勢力下におかれてきたが、応仁・文明の乱（一四六七－一四七七）後、守護細川氏の勢力は、下克上の風潮のもとに失墜し、細川氏に代わって丹波土豪の筆頭たる波多野氏が郷村の土豪を服従せしめて丹波一円を統一することとなった。しかし、織田信長の命による明智光秀の丹波平定（天正七年）によって、波多野氏は滅亡され、また光秀に抵抗した土豪、寺社も没落をみたものであった。このような争乱にあって、人見、中川両苗郷士がどのような行動をとったかは詳らかになし得ないが、中川氏の場合、永禄十一年すでに光秀と交わりを持っており、天正十年六月の本能寺の変には光秀に従軍したとあるから、光秀の丹波平定に際して、その勢力下に参加し軍役の奉仕を行っていたものであろう。

しかして、天正十年六月山崎の合戦による光秀の滅亡後、天下の統一を進めて行った豊臣秀吉は、検地政策、兵農分離政策を通じて新しく近世封建社会の体制を確立していくこととなる。この一連の政策によって、一般的に武士は城下町に集中され、農民は本百姓としての身分に固定されることとなる。馬路における土豪・地侍であった両苗も身分的には農民に位置付けられることとなった。しかし、秀吉は天下統一のためには、天正十六（一五八八）年に発した刀狩令に拘わらず、これまでの土豪・地侍の在地勢力に苗字帯刀を許し、「夫役御免」の朱印状を与えるといった特権を認めるいわば懐柔策をとったものである。先述のごとく人見氏が天正十一年の大坂城築城の際に、各村よりの材木川出し、近郷の筏取次ぎ手配や、また、文禄年代「人見又之進儀、当国馬路村ニ住居仕、川筋御運上木改御所預リ、夫ヨリ数代相勤来リ候」とあるのは、人見氏に与えられた特権の一つを示すものであろう。[5] さらに、秀吉の丹波検地（天正十年）に際して、「当馬路郷之儀両苗屋鋪地往古ヨリ制外之地、御検地之儀者御断申上候処、無地高百石可差出旨被仰付御請仕候」に見るように、人見、中川両苗一族の屋敷地が制外の「赦免屋敷地」とされ、その代わり無地高百石を出すとなしたのも、両苗に与えられた特権の一つと解されよう。

織田・豊臣時代に続く徳川時代においては、「由緒書」によれば、「慶長五（一六〇〇）年六月中、東照宮上杉（筆者注・上杉景勝）御征伐として御下向被為在、就而者本願寺教如（筆者注・教如光寿）御門跡御帰路之砌、御難之場合も有之、則両苗共へ御内意ニ仍而途中守護申上候事」、「同年九月中、東照神君様関ヶ原御勝利ニ付、教如御門跡再度御下向、神君様へ御対面之砌、私共儀も御機嫌相伺厚蒙御意」云々、「同十九年中、東照神君様大坂御陣之砌、軍役相勤鯨幕拝領所持罷在候事」とあり、大坂冬の陣の軍役にも奉仕したことが記されている。

以上累説するまでもないが、「由緒書」等記述の信憑性はともかくも、人見・中川両苗は平安・鎌倉・室町・織田・豊臣・徳川の各時代の変遷過程において、その時の権力や政変に巧みに対処しながら中世来の土豪＝地侍、郷士としての由緒を保持し来たったものであった。両苗一族の中より時の権力に仕官し、武家奉公する者も少なからずおり、たとえば、「由緒書」によれば、中川駒之助は出羽国秋田城主佐竹右京太夫の客分家老として、豊後国岡の城主中川修理太夫の元祖中川清秀は中川一族から分かれたとされており、他の記録によれば、中川喜兵衛は松平参河守の四千石の知行取、人見助兵衛は竹中采女正の一五〇石の知行取、人見祐九郎は相州小田原の三百石取で大坂留守居役とされているがごとくである。

註

（3）元治元年子五月人見・中川「由緒書」。
（4）武田聴洲「草分百姓の氏神祭とその縁起伝承―口丹波馬路村における」同志社大学人文科学研究所紀要第三号、一九六〇年二月。
（5）前掲『南桑田郡誌』七九頁。

両苗郷士の仲間組織と規約

以上のごとき連綿たる由緒をもつ馬路の土豪＝地侍人見、中川両苗は、豊臣秀吉の検地・兵農分離政策の下で身分的経済的にはある程度の特権を有する本百姓となったものであるが、彼らは同時期に生み出された他の百姓とは身分的には同質化し得ない優位観念を有していたものであろう。連綿たる由緒と伝統的な地侍観念が丹波の桑田・船井郡を中心に「弓者連中」＝「地侍連合」を成立せしむる一つの大きな理由であったことは、関順也氏によって既に明らかにされているところである。[6] 同氏によれば、「弓者連中」とは、「身分的には本百姓に零落した数多の地侍が『先祖の勲功』を誇り、『旧家連綿の家』たる自覚の下に会合団結した」ものであり、その目的は、「平百姓に対しては、特権階級たるの誇示であると共に、領主に対しては、地侍としての示威であった」とされている。人見、中川両苗の者もまたこの地侍連合、弓者連中の主要メンバーの一員であったことは言うまでもない。このように両苗の者は丹波一円における地侍、弓者連合の一員として、郷村あるいは平百姓に対する身分的地位の優位性を誇っていたものであるが、それと同時に注目されるのは、彼らは両苗一族の間において「両苗仲間」＝「帯刀仲間」の郷士集団を組織し、彼ら仲間・集団一統が遵守すべき規約を定めて、両苗一族の結束を固め、彼らの権威、身分的地位の保持に努めていたものであった。両苗一族の仲間組織、その規約の成文化がいつの時代より行われていたものか知り得ないが、近世中期以降旗本杉浦領時代における残存関係文書によってみれば、おおよそ次のようである。

仲間組織

宝暦十三（一七六三）年十月「馬路村郷士人数連判帳」に記載の「郷士中示合之事」から仲間組織にかかわる条項を示せば次のとおりである。(7)

一、物代年番者、有心得人順番ニ可相勤候事

一、寄合衆者、中老之内ニ而村役人を除き、筆算之修練茂有之実体之人七人、地方功者両人、坊人壱人宛撰之、年高順番ニ而可相勤事

一、諸評議者、寄合衆相談之上、六老衆江も申達取計ひ可有候、若右人数ニ而難相済儀者、其際五、七人茂相招評議決定可有候事

両苗郷士仲間数

年次	人見	中川	計
宝暦13(1763) 年	24 人	17 人	41 人
明和 8（1771）	28	26	54
文化 6（1809）	30	31	61
文政 3（1820）	23	27	51
文政 7（1824）	27	31	58
天保 8（1837）	28	35	63
嘉永 5（1852）	28	32	60
慶応 3（1867）			64
明治 3（1870）	31	37	68

一、御印物并古証等者、寄合衆之内年番預リ、但鍵は両〆ニして、両家大老之預リ可為候事

一、勘定之儀者、寄合衆立会ニ而いたし、其趣六老衆江茂申達し可申候、賄方は年番ニ而可相勤候事

とある。「馬路村郷士人数連判帳」によれば、両苗郷士四十一名（うち人見姓二十四名・中川姓十七名）を数えるが、この両苗仲間において、まず対外的に両苗を代表する「惣代」二名が両苗より「有心得人」それぞれ一名宛選ばれ、また、対内外的な諸々の事柄を図る評議機関として「寄合衆」十人が「中老」のうち村役人となっている者を除く者の年齢順で選ばれていた。さらに、これらの上に「六老衆」が置かれていた。この「六老衆」は、「一臈」とも称され「第一席」の年長者である大老のうちから選ばれた者であり、この「六老衆」が実は両苗仲間を内部的に統率する最高の機関であり、実権者であった。なお、両苗郷士仲間の数は時代によって異動があるが、おおよそ別表の通りである。

仲間規約

次に、両苗郷士仲間において遵守すべき仲間規約について記しておこう。

前記の「郷士中示合之事」から両苗仲間が守らなければならない規則を挙げておけば、以下のごとくである。

一、致帯刀候ニ付、奢りがましき儀無之様ニ心得、随分倹約第一ニいたし、農業無懈怠相勤可申候事
一、郷士不相応之格別賤き馬奴、或辻売、或桶屋、畳屋、左官、大工、紺屋之類ハ堅致間敷候事

このような宝暦十三年の規定と同様のものが、文化六年の「郷士中示合書付」に、「古来之書付也、此通堅相守可申事」として確認されているが、この書付にはさらに次のような条項が規定されている。

一、第一博奕諸勝負堅禁制之事
一、米売買之儀者堅相成不申候、是者別而身上滅却之基ニ候間、少々之事ニ而茂堅無用之事
一、郷士仲間之衆中、馬を追京道へ罷出候儀并芝居之荷物送り向いニ罷出候儀堅無用之事　但し津出し其外運ひ山之儀者格別之事
一、会立辻売等堅無用之事
一、大工、桶屋、畳屋、左官、鍛冶、紺屋
右之類内職ニ茂仕候儀堅く相成不申候事
一、人之妻女娘者勿論後家たり共、蜜夫之儀相聞候ハヽ、一同評議之上名跡を刎可申事

一、不限老若打寄り出銭いたし酒膳候儀堅無用、夜分者手習算盤之稽古随分可仕事
一、明神参麻上下着用之事
一、両苗中葬送之節、麻上下紋付之衣裳着用之事
一、坊人中十徳着用可申事
一、養子嫁取遣之候節、親類書取之、六人一臈江届ヶ可申事
一、養子貰ひ候年、山口前ニ衆座付名前年書付、白米一升相添へ、人見者伝右衛門、中川者藤四郎江差出し可申事
一、名前印形無之衆中茂、一同申合之儀ニ候へ者、後々末代同様承知可有之事
誓約文
一、郷士中此以後互ニ随分無粗忽様可申合候、若心得違ニ而不顧一同相談之儀ヲ、却而一己之立身利欲心掛ヶ申間敷事
一、申合之件々堅相守可申事
右之趣於相背者、可奉蒙　伊勢両宮、愛宕大権現、殊ニ産砂明神幷人見中川両祖神之御罰者也、仍而神文如件
文化六年（空白）月　日

以上に見るごとく、おおよそ両苗郷士仲間の遵守すべき規約は、古規墨守新儀停止、さらには両苗の苗

字、帯刀郷士身分を守る思想に立脚したものであるが、こうした思想を根底とした規約を設け、両苗仲間自らを規制することによって郷村における両苗仲間の身分上の権威を保持し高めようとしたものである。

ところで、奢侈禁止・倹約第一、教養のための手習・算盤・稽古の奨励、農業専一、数多の内職（賤業）の禁止、米商売の制限、博奕諸勝負事の禁止、立身利慾の禁止、蜜夫不道徳の厳禁、養子嫁取の届出義務などの諸規約のなかにあって、両苗仲間に最も重要視され、遵守を強要されていたものは、仲間の血縁関係にかかわる事項であった。蜜夫不道徳に対しては、「一同評議之上、名跡を刎可申事」の厳罰が科せられ、養子嫁取については、由緒、分限相応の取り組みをその前提とし、それ以外の特に平百姓との縁組は厳禁されていた。こうした点の厳守を徹底させるために、次のような縁組を主内容とした「人見中川一族定」なるものが別に規定されており、これが、大伊勢講出席所（導養寺）に張紙として掲示されていたものである。

人見中川一族定

一、各々随分之作業を相励、猶又文筆を相嗜、行儀正直にいたすへき事

一、平百姓と致縁組、或者諸講を結集会交親をいたす間敷事

一、都而古規に准し、万端紛乱無之様可得相心候、不寄何事新儀私之筋有之間敷事

右条々宜相守之、殊更養子嫁聚不埒之縁組有之候者、子孫迄之瑕きんに相成候間、急度其由緒を聞糺分限相応之取組をいたすへく候、万一非分之縁組有之候ハヽ、本人は勿論、其親類幷媒酌人等も姓氏

を削、平百姓同様たるへく候条、仍両姓中制書如件

安永四未年五月六日

（右大伊勢講出席所ニ張置候書付写之）

右の定には、両苗一族に対して作業・文筆の精励、行儀作法・正直の奨励、古規墨守・新儀私心の禁止、などの遵守すべき規則を設けているが、これら規則付則には特に、両苗仲間の縁組が問題とされている点に注目されよう。ここでは平百姓との縁組はもとより講を結んだり、集会、交親をなすことすら禁じられており、また、縁組には相手の由緒を糺し、分限相応であること、万が一非分の縁組であれば、本人は言うまでもなく、その親類および媒酌人までも両苗の「姓氏」を削り、平百姓同様に取り扱うとの制裁を受けねばならなかった。また、縁組に際しては、先述のごとく六老衆・一藹に届け出る義務を絶対必要としたものである。このように両苗仲間の縁組において厳重な定めがなされているのは、いうまでもなく、身分的に賤しいとされる平百姓との婚姻による血縁的同化によって、由緒連綿を誇る両苗一族、この故にこそ郷村における身分的優越性を保持している彼らとしては、その家格の弱体化をもたらすと考えていたからにほかならない。

以上に「郷士中示合之事」によって、両苗郷士の組織ならびに仲間規約について述べてきたが、なお、「郷士帯刀」を自ら任ずる両苗の間に、帯刀人として守るべき「帯刀人心得之事」が定められていた(8)。次のようである。

帯刀人心得之事

一、帯刀御請書御ヶ条之趣堅ク相守リ、何事ニよらす御制禁之趣、急度相守可申事

一、孝行者第一之儀、夫婦兄弟朋友之信義を相守り、家柄相応之身持可致事

一、邪法邪欲之義者衆之憎候処、甚敷相成候而ハ乱家之基ヒ、帯刀可致身分第一之心得ニ候間、急度相慎可申事

一、家業者身を治メ候第一之儀ニ候間、出情(精)可致、其余カニ者経典を学、六芸を相嗜ミ可申事

一、帯刀ニ而他所他国致候節、御請書御ヶ条相守り、殿様御涯分ニ相拘り候儀決而致間敷、諸向礼儀正敷、帯刀致候心得之儀平日相嗜可申、自然法外之義出来候ヘハ帯刀被召上、其上両苗一同之難渋と相成候儀ニ付、帯刀致候節ハ諸事格別ニ相慎可申事

右外両苗為方之儀、又者身分治り候之儀ハ平日相心得可申、不実不行跡致候ヘハ、一同之名跡を相穢シ候事ニ候、申合之条々相背候者ハ、親類朋友之者ヨリ精々申聞セ可申、其上不相用不行跡増長致候ハヽ、一同帯刀之家名ニ相拘リ候様ニ成行候ヘハ、六人中江親類中ヨリ相届ケ可申候、且又、両六人村方役人帯刀惣代ヨリ察当申聞候上捨置候ヘハ、親類不行届キ之儀ニ付急度得其意を可申候、右様申合候義一同睦間敷、永久相続致度存念ニ有之候故、格別不身持増長の族者、不得止事、一同相談之上両苗中示し之為重ク取斗可申事

文政三辰年八月

この「帯刀人心得之事」は、文政三年に再び地頭帯刀願を申請し、許可されたさいに示された遵守すべきカ条規則に対応して両苗が定めた心得書である。その内容を摘記すれば、両苗郷士の帯刀人としての心得として、帯刀御請書・御ヶ条の厳守、孝行第一、夫婦・兄弟・朋友間の信義、家柄相応の身持、邪法・邪欲の慎み、家業第一、経典・六芸の嗜みをまず挙げ、帯刀して他所・他国に出る場合に、請書・カ条を守って、殿様の涯分に関るようなことを決して行ってはならない。礼儀正しく致すこと、法外のことをすれば帯刀を召上げられ、両苗の難渋となるので、帯刀致しているときは諸事格別に慎むことを挙げている。そして最後に、不実・不行跡を致した者は一同の名跡を穢し、一同帯刀の家名に拘るので、親類、朋友あるいは六人衆、村役人、帯刀惣代より申し聞かせる。また、格別に不身持の者に対しては示しのために重く取計らう、と記している。

おおよそ以上のごとく、丹波馬路村における人見、中川両苗郷士は、遠く中世以来馬路に居住し、それぞれ由緒ある身分として存在し、郷村にあって郷士集団の仲間組織を作り、また、郷村における彼らの身分的地位の優越性を保持するための仲間規約を設け、さらに地頭帯刀・郷士帯刀人として一同が厳守すべき心得を定めていたものであった。しかし、このような両苗郷士の郷村において誇り得た身分上の優越性も、農村における商品貨幣経済の発展とともに、次第に上昇し来たった一部平百姓との間の抗争によって、その外角を崩されていく向きの存したことは、後に述べるところである。

註

（6）関順也「丹波の郷士仲間『弓者連中』について」（社会経済史学会編・刊『社会経済史学』第一九巻第二・三号）参照。

（7）宝暦十三年十月「馬路村郷士連判帳」

（8）文政庚辰年八月「申渡書写」

両苗郷士の対旗本領主関係

近世馬路郷における所領関係は、元禄十一（一六九八）年五月旗本杉浦内蔵允出雲守の知行地となるまでは、徳川幕府直領として幕府代官の支配を受けていた。こうした幕府直領時代における両苗郷士の対領主関係はほとんど判明しない。ただ、「万治三庚子（一六六〇）年三月十三日五味備前守様ヨリ侍分ト百姓共ト立分之御印書頂戴仕」とあり、(9) 直領支配地時代の初代代官五味備前守によって侍分＝郷士身分として容れられていた点を知るに過ぎない。周知のごとく、徳川百ヶ条に「遠国在の農家一様たりと雖、其村々所々ニ古来由緒ある長たる者あり、平百姓と同しからず」云々の一節に示されているように、両苗の郷士身分はその由緒に対して許されたものと思われるが、また、近世当初における両苗の川開鑿や新田開発等の功績に対しても許されたものとも思われる。慶長二丁酉（一五九七）年に、「初而川造仕、丹州奥川筋宇津郷之内高瀬、大棚、スベリ、水戸、堀戸、サルトヒ極々難所切開キ」とあり、また、「寛永二乙丑（一六二五）年二月二日五味金右衛門尉様江御願申上、当住居今津村八拾五石七升七合之場所一村開発仕、御公儀様江上納仕、則御印書頂戴仕」とあることによってうかがえる(10)。

ところで、幕府直領時代における事情の詳細は明らかではなく、したがって、旗本杉浦氏知行時代の問題に限らざるを得ない。しかし、近世中期以降の所領関係であるとはいえ、商品貨幣経済の発展、封建領主の財政的窮迫による封建的危機下における、しかもここでは大藩でのそれではなく、特に旗本領で在地性に乏しい領主との関係のもとにおける郷士の存在形態を見る上において、一つの興味ある史料を示してくれている。

馬路村が幕府代官小堀仁右衛門より旗本杉浦氏の知行地となったのは元禄十一年五月のことである。このとき杉浦氏は、幕府より馬路村をはじめ出雲村、池尻村、小口村の馬路組四カ村（合せ高約二一四八石）と大野村、中江村、辻村、下村、比賀江村、芹生村の山国組六カ村（合せ高約一三〇六石）を、また、天和以降氷上組十カ村（合せ高約二一〇七石）を知行地として与えられている。なお、杉浦氏の知行地は以上の約五五六一石余のほかに相模国五カ村（合せ高約二五〇〇石）も与えられていた。

旗本杉浦氏が丹波における馬路組、山国組、氷上組の支配にあたって、在地郷士の一部の者を登用し、地方役あるいは地方支配役（代官）に任じたものであった。杉浦氏の知行地となって間もない享保年中には、すでに人見惣助（秀品）が五人扶持を与えられ馬路組四カ村の地方支配役を命じられており、惣助の総領人見団右衛門（邦正）もまた逐次加増され知行一三〇石を与えられ、元文年中より延享三年まで地方支配役を命じられたものであり、その後は主として人見氏の直系が明治維新に至るまで地方役あるいは地方支配役を勤めたものである。杉浦氏によるこうした両苗郷士の登用は、人見団右衛門に見られるように「地方支配ニ致呉候様」と出願したことにもよるが、むしろ杉浦氏側の両苗郷士の在地勢力に対する一つの懐柔策であったと見られる。要するに、由緒あり在地勢力を有する郷士の一部を藩屏に組み入れ、不足する家来を補い利用することによって、自己の知行地支配の円滑を期しようとしたことは明らかである。杉浦氏はまた残る大部分の両苗郷士に対しては、漸次苗字帯刀の特権を与えたものである。

郷村における両苗郷士の帯刀御免に関しては、寛文頃より「町人・百姓帯刀御停止之御触ニ付、御上江対し奉り申上候程の功も御座なく候故、達而御願ひも不申上、帯刀暫慎罷在候故、断絶ニ相成候」とあって、杉浦氏支配まで帯刀を慎み断絶していたとされているが、こうした無帯刀の郷士に対して、人見団右衛門の願うところがあって、杉浦氏より延享元年十三人、寛延二年六人、宝暦二年「次男株」の者二十四人がそれぞれ帯刀御免の特権が与えられている[11]。

ところで、このように帯刀御免を願った郷士側、一方これを許可した杉浦氏側との間にはそれぞれ立場を異にした思惑があったであろう。前者の場合、領主の公認によって帯刀御免の特権を得ることが、郷村にあっては由緒連綿を誇り、身分的地位の優越性を誇示する上で有効であり、後者の場合、帯刀御免の特権を公認することによって両苗郷士を政治的、経済的に利用するにあったと言える。この杉浦氏側から見た帯刀御免の背景について少しく立ち入ってみておこう。

周知のごとく、杉浦氏が知行地支配に着いた元禄時代は、すでに幕藩封建領主の財政的窮乏が深刻化し、いわゆる封建的危機の進行を見るに至った時期である。こうした時期に際して一介の旗本に過ぎない杉浦氏の財政は、丹波知行地支配その当初からすでに窮迫状態に置かれていたことは容易に想像される。この点は、知行地一円に対する貢租の過重化はいうにおよばず、享保年中の「地頭と郷士差縺出来候」一件に見られたごとき、馬路村両苗への豊臣秀吉以来の特権＝「制外之地」・「赦免屋敷地」に対する貢租化の動きなどにうかがえるところである。元禄－享保期を経て元文－延享期においては、杉浦氏の財政的窮状はその極に達していたものである。次の織田山城守（杉浦蔵允出雲守の実弟）が郷士人見団右衛門に宛てた書簡の一節は、このことを示していよう。

（前文略）、拙者事ハ次男ニ而家督ニ可相成者ニ而無之候処、兄出雲守壮年ニ而不幸実子無之ニ付、無是非家督ヲ預リ候ニ付、致家督候節より何卒兄出雲守が心底ヲ継、領中家中之安堵之筋子孫永久ニ、公儀江之御奉公無滞相勤候様ニ致度、不才之身ニ候得共心底ニ此志有之候といへ共、人並ニ望り不自由難儀ハ難成物ニ而心底ニ有之斗ニ而存、切なく年月を送り候、及御聞之通、数年不勝手故ニ当節世上並之倹約は相応ニ相用ひ候得共、領中家中之為メニ大名之格ヲはずし、身を引キ下ケ、或ハ旗本中体之一二千石取計迄ニハ不致候、然ル処、不勝手年ヲ重、先達而より御聞かよひ之通、及大借ニ当夏ニ至り候而ハ、至而之手支、家中之扶助も滞、漸く領中之力ニ而今日迄カツカツニ歩ミ来候（後文略）

織田山城守

（年代不詳）

人見団右衛門殿

この書簡の年代を欠くが、人見団右衛門が地方支配役に就いていた元文－延享年代の間のものと思われる。累説するまでもないが、杉浦出雲守には実子がなく家督預りを受けていた出雲守の実弟織田山城守が財政上で苦労をしている杉浦氏の様子を記しており、数年来不勝手となり、世上並みにそれ相応の倹約も行っていることや、領中や家中のために大名格を引き下げるわけにもいかず、不勝手を重ねる中で、大きな借金をしたこと、家中への扶助も滞ったことなど財政上渇々の状況に置かれている様を訴えている。

こうした領主杉浦氏の財政的窮乏の状況下において、右に見るごとき両苗郷士全体の帯刀御免の公認が行われたものであった。このことからまず予想されることは、帯刀御免の特権公認の代償として杉浦氏財政への寄与、つまりは、以下の史料に見るごとく、両苗郷士たちへの御用金調達による財政窮乏の打開策として考えられていたであろうこと、さらには、杉浦氏家来の不足を補充する意味を有していたことや、帯刀御免の特権を与え村方の取治めに利用することにもあった。まず、家来の補充ならびに村方取治めに関してこれを見ると、宝暦二年杉浦氏家来の「馬路村郷士」に宛てた文書に、[12]「郷士之内、御用に茂相立可申者、時節ニより被召仕候事茂可有之候、其節者罷出可相勤候」と、時節によっては御用勤務を求めることもある。また、「年番之者江乍少分御米被下置、御知行所御用茂順番相勤、一統御家来之思召ニ候間、不行儀無之様、勿論御為第一ニ相心得、何連茂申合出情(精)可仕、必心得違無之様可仕」と、年番で知行所御用勤めの者には米を給与する。両苗一統の者は家来と思っているので、領主の御為第一と心掛け出精するようにとある。さらには、宝暦十二年の「中渡」[13]文書の中に、「其方共儀者、兼而郷士帯刀蒙免許、御家来も同然之儀、江戸表ニ而も、百姓一統とハ乍申格段ニ思召候事ニ候、依之御用向別段之御書付を以て被仰渡」云々、「郷士帯刀御免之儀者、第一村方取治之ため、其上不依何事御地頭御用向可相勤」云々と、両苗郷士に帯刀免許されたのは家来も同前であり、第一村方取治めのためである。江戸表では両苗を百姓一統とは言え格別に思っており、領主（地頭）の御用向を勤めるようにとある。以上の文書によって両苗郷士への帯刀御免の主たる意図が明らかにされる。

しかして、杉浦氏が両苗郷士に与えた帯刀御免公認のより重要な意図は、何よりも窮迫する杉浦財政への寄与にあったと言える。まず、関連史料を記しておこう。次のごとくである。

（史料Ⅰ）

乍恐口上書

此度御用金被仰付、甚以難儀之段御願申上候得共、厳重ニ被仰渡候ニ付村方一統無拠御請申上候、然ル処、郷士之者共迚茂此度ハ御大切之御時節柄候間、別段ニ出情（精）仕候而差上候様被仰渡候得共、困窮之者共甚以難渋仕候段御嘆キ申上候得共、何分郷士之規模相立不申候而ハ相済不申候間、如何様共勘弁調達可仕旨、数度無拠趣被仰渡候得共、何を以調達可仕手立無御座甚恐入罷在候内、日数相延不埒之段御呵被成下、右ニ付乍少分金弐拾両は工面可仕候得共、段々手を詰候上之儀此金之処ハ出来不仕候段、再応御断申上候得共、是以御聞届無御座、又々被召出、五拾両者是非共御用達旨厳敷被仰渡候故、乍難儀五拾両都合御請申上御済〆被下候処に、又々旧冬押詰候而被召出、今五拾両相増候様被仰聞、甚当惑仕候、前段申上候通難渋之働仕候処、何分出方無御座候ニ付此段御断申上、最初御請仕候金五拾両漸大晦日迄ニ相納メ申候仕合ニ御座候、然ル処、此度又々被召出被仰渡候御儀甚奉驚候、最早此と術計無御座候間、御慈悲之上幾重ニも御捨免被成下候様奉願上候、以上

明和三戌年正月　　　　　　　　　　　　両姓六人　連印

御役人中様

（史料Ⅱ）

御請書

先達而御用金私共ヨリ弐百両出情（精）之儀被仰出候処、近年郷士共一統困窮仕居候ニ付漸去酉暮五拾両差上、其余金高御減シ之儀乍恐段々御嘆キ申上候、然ル所此度御上無御拠御手当御入用ニ付少シ茂御用捨難被成候間、是非弐百両都合当暮差上候様、猶又再応被仰出候段何共奉恐入候、私共如何計難渋仕候得共御上無御拠趣、乍困窮弐百両御請申上候、乍然当暮百五拾両ハ何分不調達ニ付難渋仕段々御願申上当暮百両差上、残金五拾両は来亥ノ暮差上可申趣御聞届被成下難有奉存候、然上は右之通無相違弐百両之都合急度差上可申候、依而御請書奉差上候、以上

明和三年戌十二月　　　　馬路村郷士　人見彦左衛門（ほか

御役人中様　　　　　　　　　　　　四十一名署名捺印略す）

史料Ⅰの明和三（一七六六）年正月の文書によれば、杉浦氏からの数度にわたるご用金調達の求めに対

して、両苗・村方一統が難渋のなか、その調達の手立てがなく日数を延引したためお叱りを受けたこと、このため二十両を工面しようとしたが、それができずお断りしたが、聞届けなく、またまた呼出されて五十両のご用金を是非調達するようにと厳しく命ぜられたために、難儀ながら五十両を都合して済んだところに、またまた年末の押迫った時期に呼出され、さらに五十両増すようにと命じられ、甚だ当惑し、驚いている。最早これとて術がなくご赦免願いたいと述べている。

史料Ⅱは、前記の史料Ⅰに関連する明和三年十二月の両苗郷士のご用金請書である。当請書によれば、杉浦氏は両苗郷士に対して弐百両のご用金を命じており、これについて両苗側は明和二年暮れに五拾両を差し上げたが、その残余について減額を申し出たがご容赦ならず、困窮ながらお請けする。しかし、何分調達に難渋しているので当暮に百両差し上げ、残る五拾両は来年暮に差し上げるという趣旨の請書である。

以上の行論のなかに財政難に直面している杉浦氏の執拗なまでのご用金請求の実態を知ることができる。このようなご用金の求めに対して馬路両苗郷士がその求めの赦免願をしばしば申し出たことに対して、杉浦氏側はご用金の調達に絡めて「尋書」を出し、その回答を迫っている。[14] すなわち、六ヶ条の尋書のうちの重要な最初の三カ条には、「いつれも帯刀相願候儀、如何相心得相願候哉、此儀」、「帯刀いたし候訳、如何之儀ニ候哉、此儀」、「いつれも帯刀之ものハ、（中略）御地頭之儀者相背候而も不苦儀と相心得候哉、此儀」と、帯刀を願った郷士側にどのような心得をもって帯刀を願い出たのか、地頭（杉浦氏）の願い事に背いても苦しくないと心得ているのか、「此儀」と詰問しているのである。この尋書から見て杉浦氏による帯刀御免公認の意図が奈辺に置かれていたかを明らかにしている。つまり、杉浦氏から見た両苗郷士は献金によって名字帯刀を許されるいわゆる「献金郷士」的性格のものとして捉えていた点に注意される。

以上に述べてきたように、両苗郷士は杉浦氏知行所支配のその当初から、人見氏など一部のものが杉浦知行所における地方役あるいは地方支配役として、あるいは、直接江戸勤番など藩屏に組み込まれるとともに、その他の両苗郷士は帯刀御免の特権を許され、村方の取治めや知行所御用を勤め、もって郷村における権威、身分的地位の優越性を誇り得たものであった。しかし、杉浦氏の両苗郷士への帯刀御免の主たる意図がご用金調達にあり、しかも度重なる厳しいご用金の要求に対して、実は、両苗郷士から帯刀御免の辞退一件なるものを起こしていることに注目される。先の文書に見るように、杉浦氏のご用金調達に対して両苗郷士からその赦免願いが出されているのは、明和三年正月のことである。それに続く翌年正月に「近年者私共一統困窮仕リ、当時ニ而者中々帯刀杯可仕身元ニ而無御座、時節とハ乍申誠ニ不外聞之帯刀、面目茂無御座仕合奉存候、依之何卒此上者蒙御憐憫、無難ニ百姓相続仕度而已ニ御座候間、先年私共江被成下候御許状暫く指上、帯刀辞退之儀一統奉願上候」と、帯刀辞退願いが出されたものである。この願いは明和七年に至って帯刀仲間四十二名中のうち九名のみ残り、三十三名が帯刀辞退を容れられたものであった[15]。

ところで、この帯刀辞退一件は両苗郷士にとって対領主関係あるいは対郷村関係において重大な意味を持つものであった。このことは、帯刀辞退の理由として勿論杉浦氏の度重なるご用金調達の過重から忌避することにあったが、実は見逃し得ない他の理由として、杉浦氏の平百姓の帯刀身分取立てに対する両苗郷士の不満が重要な理由ともなっていたことにある。農村における商品貨幣経済の発展とともに上昇し来たった一部平百姓が杉浦氏の財政的窮迫に対して過分の用達をなすことによって帯刀身分を獲得し、領主をして平百姓と両苗郷士と身分上同格同列を主張せしめたことが、両苗郷士の杉浦氏への不満となり、帯刀辞退の一件を惹起せしめたものと考えられる。この点、安永二年三月の文書に「近年小百姓之内三人、少々用金相働候者、京役人中取持を以、帯刀被差免候、両苗之者ヨリも過分之金高都合八百両余用達相働置候得者、旁以意内難相済候ニ付、明和五子年困窮を申立両苗一同御断申候得共」云々とあり、また、同年五月の別の文章に杉浦氏より「小番組のもの共三人、地頭ヨリ帯刀差免置候ハヽ、両番組帯刀人と同格同列に致すべき筈」云々とあるこれら行論の中に読み取ることができよう(16)。そして、この一件を境にして、上昇し来たる平百姓と両苗郷士との間に対立が表面化し、さらに、両苗郷士と杉浦氏との間に対立が、先に少しく触れておいた享保年中の両苗屋敷地一件に関わる両者の潜在的感情の対立も手伝って、漸次表面化していったものであった。前者の平百姓との対立については後に譲ることとして、ここに両苗郷士と杉浦氏との間における対立関係をさらに見よう。

こうした問題を見るにあたって、幕末におけるいわゆる「両性(両苗)一件」なる事件の存したことを挙げねばならない。これは杉浦氏が帯刀辞退願に見られるような両苗郷士の気ままを潔しとせず、また、享保年中の両苗屋敷地一件への悪感情もあって、遂に幕末に至って両苗郷士の郷士としての身分を完全に否認する挙に出たために、両苗郷士は自身の由緒ある郷士としての身分擁護のために多人数をもって京都に上り、一橋中納言、老中稲葉氏、京都所司代あるいは東本願寺門跡等にその支援を頼む運動を行ったことが、ますます杉浦氏との対立を複雑にし、京都町奉行の介入するところとなった事件である。この事件

関係文書の概略を記すと、次のごとくである。(17)

旗本領主杉浦氏が、両苗郷士の郷士身分否認理由と両苗郷士による身分擁護運動阻止に関して東本願寺門跡に宛てた文書によれば、両苗郷士は「延享年中地方家来人見団右衛門と申者依願（中略）苗字帯刀差許、人見中川相名乗罷在」るが、彼らは「往古郷侍之筋目有之杯と申唱候へ共、元禄度不残平百姓ニて、御代官小堀仁右衛門殿より御引渡ニ相成候」者であり、また、「爾来今以宗門人別帳も苗字認不申候」者であるから、「郷士相立度目論見仕（中略）多人数上京」して「貴御殿にも願立仕、所々御立ニも可相成哉ニ被承及候」、しかし、「如何様之願筋仕候とも御取上ヶ被下間敷候」と主張されている。

以上の杉浦氏側の主張に対して、両苗郷士側が東本願寺門跡に宛てた「ヶ条返答覚」によれば、「馬路村之儀、御代官小堀仁右衛門殿ヨリ元禄十一年五月中、杉浦内蔵允殿へ御引渡し之節、収納之儀者百姓ニ而御引渡ニ相成候哉も難斗」、しかし、「両苗之儀者元ヨリ郷士、既ニ万治年中御奉行五味備前守殿ヨリ茂御裁許書ニ人見中川と御認メニ而被下置、元禄之度・享保度江戸表於御評定所被仰渡候廉も有之、且両苗郷士御調之儀者、右年中・寛政度・天保度御改革之度毎御調在候へは、収納御引渡ト郷士之廉は、別々之事之様ニ相心得居申候事」、「右之次第ニ付、収納幷村用之儀ニ有之候得者、地頭ヨリ彼是申立候儀も尤と存罷在候事」、しかし、「郷士身分を彼是申立候は、地頭心得違之様ニ存罷在候事」と述べ、また地頭より帯刀を許されたのは、延享年中人見団右衛門より、「御地頭家来無数、勤番被申付候哉」も知れないから、然るときは「郷士帯刀」にては差支えもある故に「地頭帯刀」御免を出願してはと相談があり、一統の者これは然るべしと承知したのである。ところが、その後一統の者が相談した結果、「元ヨリ帯刀之身」である故に「地頭帯刀」は不承知の旨申し立てる者が多く、よって「難渋と申立」、「地頭帯刀」を断ったものである。とにかく地頭は勝手気ままに時には「帯刀ニ而呼出し」、時には「土百姓ニ而呼出し」たりして、「自侭之取計」をなす故に、われわれ「一統帰服不致」、しかも地頭より「此度、両苗之者郷士立度旨とて四十人之余徒党致候杯と申立」てているのは、「不埒之事」である。何分地頭の申し立ては自侭のように考えられるから、この点ご賢察願い上げたい、というのが両苗郷士側の主張である。

以上にいわゆる両姓（両苗）一件なるものの、その事件の概略について両者の主張を見てきたが、この事件において注目すべきは、一般的に近世において苗字帯刀御免の身分は、その地の領主の公認と庇護の下に置かれており、その身分を巡って領主との間で争論することはあり得ないものと考えられる。しかし、杉浦氏支配下における両苗郷士は、自己郷士の身分を巡って領主と対立抗争した点に注目されよう。要するに、杉浦氏側は、元禄十一年幕府代官より馬路郷を引継いだのは、彼らを平百姓として受継いだものであり、両苗郷士に帯刀御免の特権を与えたのは、彼らを利用、主としてご用金調達のための代償として公認したとしか考えていないのに対して、両苗郷士側は、元禄十一年幕府代官より杉浦氏が馬路郷を知行所として受継いださい、貢租の収納の儀は平百姓にて引渡したかもしれないが、両苗の儀は元々郷士であって、収納の儀と郷士の儀とは別個の問題である。したがって、杉浦氏が収納ならびに村用のことであればともかくも、郷士身分をとやかく申すのは杉浦氏の心得違いであると批難し、また、帯刀御免を辞退したのは、「元ヨリ之帯刀身分」・「郷士帯刀」であって、「地頭帯刀」を断ったものであるとしている。「郷士帯刀」身分の意識を強く持ち続けてきた両苗にとって、「地頭帯刀」の公認が少なくとも両苗郷士身分の権威付けとなり、郷村における身分的優越性の誇示に役立つと考えていても、杉浦氏より郷士身分を全面的に否認せられるや、両苗は敢えて「地頭帯刀」を辞退するとともに、杉浦氏の処置を「自侭之取計」・「不埒之事」・「一統帰服不致」と開き直っている。このようにいわば領主権力に対して郷士身分を巡って抗争をなした丹波馬路の両苗郷士の存在には極めて注目されよう。こうした事情を許したひとつの理由としては、幕府直領、藩領、旗本領、寺社領、禁裏領等極めて細分化され、入組んだ領有の支配関係に置かれていた丹波地域の特殊性、また、領主杉浦氏の江戸居住による在地性の乏しさ、大藩領主に比すれば一介の旗本領主に過ぎないという、本来的な封建領主権力の脆弱さ、幕末の政治的不安定といった複合的な背景に帰すべきであろうか。それにしても在地土豪として中世以来連綿として続いてきた人見・中川両苗郷士の根強い在地勢力の強さにあったといえる。

なお、杉浦氏と両苗郷士との両者対立関係については、元治元年京都「禁門の変」のおり、杉浦氏によって両苗の投獄事件をみたが、この点は、後編の両苗の政治的運動の展開において触れるであろう。

註

(9) 元治元年子五月人見・中川「由緒書」

(10) 人見・中川「由緒書」、なお『南桑田郡誌』三二九～三三五頁に、人見・中川両苗六名の者によって、馬路・千原・小川三村に跨る荒廃地数十町歩の新田（今津新田高八五石七升七合）を開拓した記事あり。

(11) 明和七寅年より「帯刀中間申合幷諸書物写」

(12) 宝暦二壬申十二月「丹州桑田郡馬路村郷士人見団右衛門相願候ニ付被仰渡候書付写」

(13) 宝暦十二午年閏四月馬路村池尻村郷士之者共へ「申渡」
(14) 明和三戌年正月廿八日「乍恐口上書」(尋書・御尋ニ付口上書)
(15) 明和四年亥正月「乍恐奉願口上書　馬路村郷士中」、「明和七寅年より帯刀仲間申合幷諸書物写」
(16) 安永二年巳三月「乍恐奉願口上書」、同年巳五月「覚」
(17) 元治元甲子年十二月「杉浦より口上書　付リ郷士より御門跡江差上候返答書　御門跡より返答書」

両苗郷士の村方支配

ここでは、馬路村の村落共同体における他に例を見ないとされている特異な行政形態と人見・中川両苗の村方支配の実態について見ておこう。

ただし、ここに両苗郷士の村方支配の実態を問う対象時期は、ほぼ安永以降についてであり、この時期にはすでに両苗の隷属的下人の独立化が進み、小作関係が成立し、さらに、一部平百姓の経済的台頭、水呑小者層の村方支配層に対する対抗関係の動向など、いわば封建村落共同体の内部構造に何らかの形において変化が見られつつある時期であって、特に両苗の村方支配の実態を問題にしようとする場合において、これらの点を念頭に置いておかなければならない。

馬路村の行政形態

すでに馬路村の概況において知られるように、馬路村の村高は一五〇一石七斗三升（但し山年貢一九石二斗を除く）であり、このうち一三一三石八斗三升五合（八七・五パーセント）は両番高（大番、中番を併せた呼称であり、両苗高ともいわれる）と称し、残る一八七石八斗九升五合（一二・五パーセント）は小番高と称されていたものであった。そしてそれぞれ高を基礎にした行政的呼称として両番組、小番組が存在し、この二つの組にそれぞれ村方役人が置かれるとともに、馬路村百姓はそれぞれ「何組」、「何番」百姓として、二つの組・番の何れかに所属せしめられていた。また、両番組には庄屋・年寄・肝煎の村方（組）三役が設けられ、これら三役は両苗一族の世襲的独占に帰しており、小番組にも庄屋・肝煎の組役人が設けられて、郷士河原姓を名乗るものによって占められていた。(18) こうした二つの組に馬路村百姓それぞれが所属した理由としては、両番高、小番高のいずれかを所有あるいは耕作するという高との結合関係においてか、あるいはむしろ両番高を支配する両苗と小番を支配する河原姓何れかえの彼らの身分的紐帯関係において所属していたものであろうか。ただし、両番組に属していた者が小番組に移り、再び両番組に戻るという、その理由を明らかになしえないが、両者間の移動が見られた。(19)

ところで、各領主の入組み支配を受けることなく、旗本の一円支配を受けていた馬路村一村内部における、こうした二つの行政的区分の成立の縁由を奈辺に求めるべきか、また、両番（大番・中番）、小番の呼称それ自体いかなる意味を持ち、その内容がどのようなものであったかなどについては、未だ十分に明らかではないが、古老の言によれば、行政的区分成立の縁由について、馬路在住の地侍人見・中川両苗と草分け百姓である河原姓との間に、在地支配を巡る勢力争いが常に行われ、人見・中川両姓の勢力が次第に拡大されていった。そして、近世村落としての馬路村成立にあたって、以上の勢力関係が一村落に二つの組の行政的分割となって現れたものであり、人見・中川両苗は両番組、河原姓は小番組の行政上の支配権を確立し掌握したものとされている。こうした二つの組の支配権に関して、安永二（一七七三）年の両番と小番との間に生じた神事能・弓矢祭礼を巡る出入文書の一節に、「両苗之儀ハ御高千三百弐拾石余引請支配仕候、彼等ハ纔百八拾石余引請支配仕候」とあり、[20] 村高の八七パーセント余を占める両番高は両苗のものが引受支配し、残る一二パーセント余の小番高は彼等即ち河原姓のものが引受支配しているとある。ここに「引受支配」とあるのは、両苗と河原姓との両者の組に対する行政支配権はもとより、地頭杉浦氏に収納する貢租の徴収権を意味するものであって、[21] この点は、後述の文政四（一八二一）年における村方小者たちによる地頭への貢租「直納」願の文書においてうかがうことができる。

以上に、馬路村における村内行政形態として両苗支配の両番組、河原姓支配の小番組の二つの行政区分の存在について述べてきたが、しかし、二つの組のそれぞれが支配する高の規模から見ても明らかなように、馬路村支配の実質は、両番組を支配している両苗の掌中に置かれていたものであって、この点は、前記の安永二年の出入文書の一節に「御公儀様、御地頭様ヨリ馬路村と只一通リニ御呼被下候得ハ、両苗之庄屋年寄罷出相勤申候、相手之者共（筆者注・小番組河原性を指す）を御召之時ハ、馬路村小番組庄屋と銘御座候」とあり、また、元治元（一八六四）年の杉浦氏を相手どり郷士身分をめぐって両苗が評定所に訴訟に及んだ文書の一節に「馬路村之儀は、両苗高ニ在之、小百姓ニ為作、夫ヨリ取立、両苗ヨリ収納致来候事」とあり、(22)両苗役人は村内外ともに村方を代表するものであり、また村高の大部分を占める両苗高を支配している両苗は、小番高をも含めた村高全体の貢租の徴収権を行使し、地頭へ収納するという馬路村の全般的支配権を掌握していたことが知られる。

村方支配の実態

馬路村行政形態を通して両苗による村方支配の一面を一応明らかにしてきた。しかして、こうした両苗の村方支配のより具体的な様相を、一般平百姓あるいは両苗の家来筋とされる「中間八十三家」などとの対抗関係、その動向との関連において次に見ておきたい。

ところで、一般平百姓の村方支配層に対する対抗、その動向を示す関係史料としては、（1）安永五（一七七六）年の「三番百姓」ないし村方役人と小百姓山人との間に生じた「分ヶ山」＝地割、秣・肥し草をめぐる紛争、（2）文政四（一八二一）年の村方小者一一九人による貢租「直納」・「高掛り」不払いをめぐる紛争、（3）化政期における両苗と「中間八十三家」との間における随身関係をめぐる紛争があげられる。項を分かちそれぞれについて見よう。

安永五年の「分ヶ山」＝地割、秣・肥し草をめぐる紛争

馬路村「三番百姓」と「小百姓・山人」との間に生じた「分ヶ山」＝地割、秣・肥し草をめぐる紛争問題についてまず見よう。ここに「三番百姓」とあるのは、古来より両番（大番、中番）、小番の「三番内拾石以上取持仕候もの高持百姓と唱（中略）、三番之外都而水呑小もの」云々、あるいは「両番ニ而八人之頭百姓、小番ニ而弐人之頭百姓、合拾人是を三番頭百姓と名付」云々の文書から、「三番百姓」とは、大番と中番の二つを合せ称する両番ならびに小番の百姓のうち、拾石以上の高持百姓をもって三番百姓と称している。この三番百姓の中から両番、小番の高（前者は村高の八七・五パーセント、後者はその一二・五パーセント）に応じて、両番は八人、小番は二人の「三番頭百姓」が選ばれていた。しかして、このように両番、小番の百姓の中で十石以上の高持百姓をもって三番百姓と称し、その中から三番頭百姓が選ばれるとされているが、すでに明らかなように、両番高内における十石以上の高持層は、その約八割までが両苗一族によって占められており、また両番より選出の三番頭百姓八人は全部両苗の者によって占められていたことから、「三番頭百姓」の中における主導権は、全く両苗の掌中にあったということができよう。これに対して「小者百姓」とは「三番百姓」以外の村内一般百姓を指している。

さて、安永五年六月文書に、「馬路村小者共分ヶ山之儀ニ付訴状写、幷庄屋返答書之写」がある。当文書は小者百姓・山人より地頭役人宛の「乍恐御嘆キ申上候口上書」の訴状七カ条と、この口上書に対する両番・小番側の「庄屋年寄答書」七カ条からなる長文のものである。ここでは主として小百姓・山人側から出された訴状を挙げておこう。

乍恐御嘆キ申上候口上書

馬路村小百姓願人山人共

一、私共儀者於馬路村古来ヨリ小百姓共ニ而、則私共組ニ御高百八拾石余所持仕居候得者、乍恐大小之差別而已ニ而一体之御百姓ニ相違は無御座候、然ルニ元来小百姓と相呼、三番村役人上京之砌者、私共荷物人夫ニ被取上下仕来候故、自然と三番遣ひ者之様ニ取扱、右ニ准シ諸事三番指図次第ニ仕来リ候ニ付、私共御高之儀も則両番方へ結ひ取込三番支配下と相成来候得者、於村方何程非道之儀被取斗候而も、私共より一言申出候事ハ難成様ニ被仕成来リ候、依之是迄諸事三番勝手次第ニ被取計罷在候儀故、既ニ野山等之儀も如斯新規勝手侭ニ地割等被致、私共之難儀と相成申候、尤外々之儀は相マカセ可申候得共、野山之儀は第一作方要用秣肥し草之手支ニ候得者、数拾年来指困リ難渋仕来リ候儀故、是迄色々と村方へ相頼候得共、何分頓着無御座候ニ付、無是非昨年以来御歎キ申上候処、誠ニ御慈悲を以此度御聞被成下、被召出、委細存寄不残書付差上候様被仰渡候ニ付、奉畏左ニ言上仕候御事

一、村方惣山之儀者、字げし山、をば山、かハら田、寺山、此惣御年貢高壱九石弐斗之内、凡七歩ハ山人之私共より上納仕来リ、古来より山人と相立山支配仕来り候、三番よりハ漸山年貢三歩方ならでハ上納不致而已、剰中興前段之趣を以、三番権威強ク勝手侭ニ被取計、既に弐拾年以前宝暦六子年字げし山、をば山、かハらだと申三ヶ所近山上地之分、三番組江割合、相残裏山峠打越候悪地之

分を私共組江被相渡候ニ付、以之外之儀ニ奉存、何分私共不得心仕候得共、押而被渡候儀無是非、其後拾ヶ年之間私共之地割不致、尤御年貢は前文之通り七分方ハ私共より無遅々上納仕、不足之地所を請、拾ヵ年之間段々村方江相歎キ候得共、何分頓着無之候ニ付既ニ出訴可申上処、則三番組重左衛門・兵左衛門・嘉右衛門・文右衛門右四人其節地割之役ニ付、段々私共を申宥メ、右地割不得心之筋ニも候得共、末々難渋ニ及候節は前々之通ニ可相成間、先此侭ニ差置候様ニと色々申被聞候儀故、無是非其向ニ差控へ、拾年を経候て後、明和弐年酉年私共組内之地割仕候処、以之外峠打越遠山稼之儀故、各漸壱荷ならでハ難相稼、其上悪地故、秣肥シ草無数一向引足リ不申甚難儀手支ニ付、猶又拾年以来村方へ右難儀之段相歎キ候得共、先達而申上候通リ、何分権威強ク被申込無頓着之段、如何計難儀至極仕候御事

一、右地割之後、字べご□谷と申所すれる松之古木数多御座候処、惣而山内すれる松之儀は古来より伐採候儀者堅不仕候処、三番組江勝手侭ニ伐採被申候儀有間敷御義、其上御年貢七歩方も上納仕来り候、私共組差置三番組江我侭ニ伐採被申候段、甚不相当之致方と奉存候御事

一、明和四亥年字寺山と申近山上地之分、又候三番組へ引取地割被申候、如斯近山上地之分ハ皆々三番之地割引取被申候ニ付、私共御年貢ハ七歩方上納仕候而、秣肥し草場ニ手支難渋仕候段、乍恐是等之儀御賢察奉願上候

一、同年八月、字けし山北なだれ割はづしの地ニ有之候松之古木等、村方より之触流しを以村内一同頭百姓始数百人罷出、右之立木伐払候処、小番組より之故障ニ而相止候節、村方より私共江其難題

之咎被申付、私共組親数拾人数日農業も得不仕、大勢之者難儀仕、余り増長仕候儀故、既ニ御上江
山之儀共御訴訟申度奉存候得共、何分私共儀者小百姓とあなとられ、三番より手引不致無是非非分
之無成敗を請、差控罷在候、年来之難渋乍恐御賢察奉願上候
一、五ヶ年已前三番組地割之裾ニ山番人相拵被申候、此山番之儀者三番之山番而已ニ而、勿論私共江一
応申聞も無之処、右番料之由申立、私共組弐百人余ヨリ軒別ニ番麦差出し数年来難儀ニ奉存候ニ、
其上谷端ずれる之古木仮初にも村方江相断申置候と申而、右山番人伐採申候、迷惑仕申候、三番組
之山番人ニ私共ヨリ料麦可差遣筋ニ御座候哉、乍恐御賢慮奉願上候
一、当春村方江私共山人之組親廿壱人被呼付被申渡候ハ、御地頭様より御法度御書付之由、惣而明六
ツ時ヨリ暮六ツ時限リ山出入可申、其時刻相過候ハヽ、玉込鉄炮にて為打払候様被仰渡候由、此儀
私共甚当惑仕候、古来より山人之儀者、五月より八月迄ハ朝七ツ時より山入仕、日陰之間ニ肥し草
刈取、夫ヨリ田之草を取、夕かけに秣刈取り日を暮し、山より出候事ハ百姓之常ニ而御座候処、朝
暮時切仕候而ハ農業怠リ、作方之妨ニ相成自然と秣肥し草等も相手支、甚難儀奉存候御事
右、野山一件ニ付、御嘆キ申上候儀ニ御座候、私共儀此度右体之儀言上可仕儀者、不存儀ニ御座候得
共、右体趣を以年来秣肥し草手支難儀迷惑仕候処、此度御吟味ニ付、委細申上候様被為仰付、乍恐書
付を以而言上仕候、御慈悲之上右難儀之段被為聞召、何卒村方権勢無之様、前々之通一同穏ニ相成、
新法之地分ヶ等相止、古来之通り野山之儀手支無之相続仕候様、乍恐如何様共被成下候ハヽ、難有可
奉存候、以上

安永五年申六月廿日

丹州馬路村小百姓山人
惣代　嘉兵衛　印
九兵衛　印
伊右衛門　印
甚七　印
太助　印

以上の訴状の主旨は、われわれを小百姓と呼ぶが、これは持高の大小の差だけのことであって、一体の御百姓に少しも変わりはない。然るに、元来われわれを小百姓と呼び、三番百姓村役人の上京の際は荷物人夫などに使役され、自然と三番遣いの者のように取扱われ、かつ、諸事すべてが三番の指図次第に行われてきたのであって、すでに野山の件も三番が新規勝手のままに地割など致しわれわれの難儀となってきた。もっとも他のことであれば、三番任せにしておいてもよいと思うが、こと野山のことに関しては、第一に農業に必要な秣・肥し草の差障りになり、これがため数十年来難渋してきているのである。すなわち、これは、野山の地割(宝暦六・明和四年の二度の地割)において、三番百姓は近山上地の分を取り、われわれには峠を越える遠山かつ悪地の秣・肥し草の少ない場所を割当てた、此地割の不平等の故である。しかも、山年貢の七分をわれわれが上納し、三番は三分しか上納しないというのは不合理である。また、土砂崩れ防止のための山内の古木を三番が無断で伐採したり、われわれに相談もなく三番の山番料を、われわれ二百余人から軒別に徴収したり、さらには山出入の時間ぎめを行うようであるが、そうなれば農業の怠り、妨げになるとともに、秣・肥し草などの入手困難となり甚だ難儀と考えている。したがって、三番百姓村役人の権勢横暴のなきよう、また、新法の地割を止め、古来の通りにして野山に差障りのないようにして頂きたいと、三番百姓村役人を相手取り地頭役人に訴えに及んだものである。

ところで、近世村落の共同体的規制の主軸を成すものは、採草地、灌漑用水の利用形態にあり、その規制の強弱は、その地域の経済構造の進展いかによって性格づけられるものであって、村落共同体的規制の強弱の度合いは、そこにおける農村経済構造の進展度に対応し合うものといえる。しかし、一般的に封建制度が現存し、封建的規制が強く作用している限りにおいては、封建社会を掘り崩していく下からの経済構造の変化、その進展もそう急速なものではあり得ず、したがって、これに対応するところの村落共同体的規制もそう弱められるものではなかったと考えられる。このような点に関して、丹波馬路村は京都への道程五里余、亀山城下町一里余と、都市・城下町に比較的近接する位置にあり、近世中期より幕末にかけては、ある程度の農業における商品生産・貨幣経済化の方向に進展していたものと推測される。慶応四（一八六八）年の「村明細帳」には「稲作第一ニ仕候、尤少々綿作仕候、旱損所々之儀ハ各年大豆作仕候」とあって、(23) 実耕地総面積一〇一町七反一畝余のうち田地九〇・四パーセントを占める馬路村においては勿論稲作第一ではあるが、「尤少々綿作仕候」に見るごとく、同村では商業的農作物としての綿作が行われていたことが分かる。事実これに先立つ宝暦年代（一七五一－六四）に既に金肥の利用が見られ、既述のごとき宝暦五年、天明五年の史料からすれば、また、天保四（一八三三）年の「綿作下見帳」の存在からすれば、[24]馬路村において十八世紀半ばから既に商業的農業の進展を見ていたということができよう。しかしながら、商業的農業が進展し、金肥の利用が見られたといっても、自給肥料たる採草地の共同体的利用、その規制を弱めうるほどのものであったとは考えられない。加えて、「馬路村秣場、近来段々開発被仰付候故、全体秣無数、大小百姓難渋仕罷在候」云々に見るように、[25]開発による秣場の減少は、より一層共同体的規制を強めることとなる。このような状況におかれている農村においては、一般的に村役人や上層農民が採草地の共同体的規制の支配権を掌握し、分配をめぐって一般農民との間で対立を生ぜしむるものである。先の訴状に明らかなように馬路村においてもその例外ではなかった。すなわち、村落共同体的規制の支配権を掌握していたものは、馬路村では一〇石以上の高持百姓によって成る「三番百姓」であり、このうち特にその主導権を握っていたものが、両苗一族の者であったことは既に明らかにしておいたところである。彼等は村落共同体それ自体の支配権を独占し、自己に有利な生産条件をつくり出していったことに対して、訴状に見るごとき、主として秣・肥し草の利用分配をめぐり水呑小者らによる下からの対立を生じせしめたものであった。そして、こうした採草地の利用を巡っての対立は直ちに解消されることなくその後に持ち越されたであろう。

文政四年貢租「直納」願・「高掛り」不払い一件

「馬路村之儀は、両苗高ニ有之、小百姓ニ為作、夫より取立、両苗より収納致来候事」とあるように、両苗が村高全体の貢租の徴収権を有していた点についてはすでに述べておいた。ところで、こうした貢租徴収権を持つ両苗と村方小者との間に、貢租の「直納」をめぐって一つの紛争対立が生じている。ここでは、文政四年の「直納」をめぐる問題の所在をまず明らかにしよう。次の史料は、小者側から出されたものではなく、馬路村庄屋から出された調書であり、小者側の言い分に不備な点があるが、これを記すと以下のごとくである。(26)

乍恐奉願口上書

去ル十一月九日村方小者百拾九人之内、少々宛御高所持仕罷有候者共、甚六、磯八、半兵衛、宇兵衛、幸助、菊次郎右六人為惣代肝煎三次郎宅江申出候者、私共御高上納之儀者論中之儀ニ而御座候得共、御地頭様江直納仕度奉存候間、此段御願申上呉候趣、猶亦銘々直々ニ御願茂申上度旨法外之儀申出候ニ付、早速同役江右之趣披露仕不得止事、乍恐十一月十日此段奉御届ヶ奉申上候所、新規之儀申立候而も決而不相成段被仰付候ニ付、奉畏帰村之上十三日五ッ時右惣代六人之者呼出候而被仰渡候始末申渡候処、此度承知仕候得共、亦候、九左衛門、藤市、仙次郎三人三次郎方へ罷出申聞候者、右直納相成不申候ハヽ、御高丈者相調可申候、左候とも高掛り之儀者、延引可仕一件落着後杯と理不尽申懸候ニ付、是迄仕来通ニ先相納可申様精々利(理)解申聞候とも、少茂不相用候ニ付、無是非此段御窺申上候所、日限ヲ可申以先御高取立趣と為仰付、依之同月廿九日より五日之内ニ先御高丈上納可仕様精々申付候処、承知仕追々相納候得共、三拾石余日限相満不足仕候故、今二日之間延引致急ニ相収可申様申付候処、漸都合仕先安堵候得共、何分前文之通高掛リ相納不申候而者、村入用諸勘定ニ差支、大キニ難渋仕候、幷万一出作等自村外小者村方同様之儀申入候而者、誠ニ村方必至之難渋ニ相成候、何卒先規仕来通皆済可仕様度々引合候得共、何分承知不仕候ニ付、無拠此段御願奉申上候間、格別之御慈悲を以、惣代之者とも被召出、是迄仕来通皆済仕候様、御利(理)解被為成下候ハヽ、難有仕合可奉存候、以上

文政四巳十二月　　馬路村

庄屋　富右衛門

年寄　太兵衛

肝煎　三次郎

御役人中様

右史料によれば、要するに村方小者一一九人の惣代六人の者が、村方肝煎の三次郎宅に行き、貢租の地頭への「直納」を願い出たものである。しかし、地頭側より新規の願い立ては決して相成らずと命ぜられ、これに小者側は一応承服したものの、再び三人の代表をもって「直納」を三次郎宅に願いいで、もし「直納」がならないとすれば、貢租だけは納めても、この一件落着まで「高掛り」は延引するとの態度に出たため、村方両苗側は「高掛り」を納めなければ、村入用諸勘定に差支えるのみならず、村外からの小者や出作までも同様なことを申し出ては、村方の難渋は必至であるとして、地頭役人にその善後策を願い出た

ものである。

ところで、小者側の貢租「直納」願や「高掛り」不払いの行動に至らしめた、その直接の動機が何処にあったのか、この点を明らかにすること必ずしも充分ではないが、文政四年十二月に先立つ同年四月、村方および両苗惣代より代官宛に出されている「乍恐口上書」の中に「両番、小番免割之儀ニ付高下御座候様、水呑小者より不審仕御訴訟申上候ニ付、御上様預御苦労奉恐候」云々とあり[27]、また、文政七年十二月小者惣代よりの「乍恐口上書」に「村役人幷両苗之者共掛リ候出入之儀者、兼而疑惑仕罷有候天明二寅年以来之勘定帳、調合之儀催促罷有候」云々と記されている[28]、これらの文面は、直納、高掛り不払い一件に関わる内容を示すものであろうか。とすれば、右一件の動機は貢租徴収権を有する両苗村方の年貢高割りの不平等や勘定帳面における疑惑など、両苗村方の一方的な支配にあったと推測せしむる。かくして、水呑小者側の「去ル巳年（文政四年）御役所様御吟味ニ相成候より以来四年之間、村諸入用高掛リ之分差出不申候」云々の文政八年五月の文書に見る限り[29]、事件以後すくなくとも四年の間「高掛リ」不払いを行っていたことに注目されよう。そして、嘉永六年の「此免状者両苗惣代の印形故、左候而者両苗之百姓と相成儀、此免状ニ而ハ承知難致」云々の断簡に見るごとく、右事件から約三十年後においても、貢租免状の印形をめぐって小者側より紛争を生じせしめているのである。このような紛争の発生は、先述の分ヶ山一件も同様に小者たちの両苗支配からの解放に目覚めた対抗意識の現われ、と見ることができよう。

化政期における両苗と「中間八十三家」の紛争

両苗の隷属的身分とされてきた「中間八十三家」の身分解放をめぐる紛争問題についてみよう。

ところで、ここに「中間八十三家」とあるのは、「土根組八十三家」とも称され、長く両苗の「家来」と位置づけられ、両苗それぞれの土地経営における随身的下人として存在した階層である。しかし、宝暦年代頃から両苗の地主手作経営の縮小過程において、彼らは漸次独立化して行き「家来筋」・「出入」として存在するに至ったものである。この点は後にも一応触れておいたところであるが、こうした両苗にお身分的に随身せる「中間」＝「家来筋」・「出入」たちによって紛争が惹き起こされたものであった。

この点に関する事件の端緒として文化十三年八月前の一件なるものを挙げることができる。(30) この事件の内容は、馬路村導養寺修復の際に中間八十三人のうち八人の者が申合わせて、拝柱に「往古土根組八十三人立之」の文字を新規に彫りつけたために、両苗側はこれを咎め、結果において、中間側は不調法を認め反省すると共に、「古来之通御両苗之思召ニ少モ不背相随イ、何事ニよらず出情(精)仕候而、永々随身仕候」と随身を誓う一札を両苗に差し出すに至ったものである。しかし、こうした両苗に対する「中間」の行動は、随身を誓わされた右の一札に終わったものではなかった。むしろこの一件を口火として、彼らの両苗からの随身関係を絶たんとする積極的な行動が文政ごろにみられるに至っている。この点は、文政三年九月の「中軒(間)一件記」なる史料によって知ることができる。(31) 要するに、文政三年の夏ごろ、中間の子供たちの手習いについて、両苗の集会所である長林寺ではなく、小番組に遣わしたことを契機に、中間の両苗への身分的随身関係にまで及ぶ問題に発展するに至ったものである。その内容を摘記すれば次の通りである。

「当夏頃六老衆より若衆中へ被仰聞候者、仲間内之子供小番組へ手習ニ遣し候由、追々相聞へ候ニ付不宜儀と存候間無用いたし、両苗内の参会所長林寺ニ而遣し可然哉と被仰」とあるごとく、両苗の古老であり最高の実力者である六老衆より若衆中に、中間の子供の手習いを両苗関係の場所ではなく、小番組へ遣わしたことは宜しからずと言い聞かせ、九月十八日、若衆中が早速中間の惣代二人（嘉七・喜兵衛）に六老衆の意向を伝えたところ、「両人之者中間へ相談之上返答いたし候者、三十人計者承知之訳申入、残り四十人計者不承知ヲ申」とあり、中間八十三人のうち三十人ばかりは承知したが、約半数の四十人ばかりは不承知と反対の態度を示している。「其上古来より両名《（苗）》へ随身之書付ヲ入置候事迄ニ否ミヲ申、随身ニ而者無之」と、随身否定の返答をしたために、両苗側はこれは「難捨置」と、六老衆より両番役人を通じて真偽のほどを二人を呼び出し尋ねたところ「相違無之」と返答、そこで「念之為」に二人の親類二人合わせて四人に「此度之儀容易之事ニ而有間敷故、得と勘弁致之候様申付、猶又、惣代二人より申候処弥相違無之哉、聞糺候上引取」らせたとある。さらに、翌日中間のうち老人宇兵衛・半六を呼び出して、惣代二人の「申候通相違無之哉」と尋問している。この尋問に対して、まず宇兵衛は「私共ハ先年之故障ニ甚惑イ入候故、此度之相談ニ相かゝわり不申、悴儀も寄合等ニ遣し不申候」と返答し、両苗より「然レハ、随身ノ訳ハ如何」と尋ねられると、宇兵衛は「私共ハ御両名之翼下ニ住候者故、随身ニ相違背之儀ハ無之」云々と随身を誓っている。また、半六は「随身の訳は同様ニ申候得共、悴共か了簡ハ存不申候」と、自分は宇兵衛と同様に随身だが、悴については存じないと返答している。そこで即刻半六の悴半兵衛を呼び出して尋問したところ、「私共ハ喜兵衛、嘉七より申上候通ニ而、随身ニ而ハ無之」と、随身を否定している。次いで、宇兵衛の悴栄吉は「私共ハ親共より申上候通相違無之、随身之者ニ候」と随身を肯定している。

同夜、直七なる人物に「随身之儀ハ如何」と尋問しているが、彼は「先多分ニつき候」と答えたのに対して、「左様候而者其方之為ニも不宜」と申し聞かしたとある。二十日夜弥兵衛なる人物を呼び出しているが、彼は「私ハ中カ間大切ニ存候故、惣代より申候通ニ而」と、中間・惣代の立場を主張している。

以上のように、両苗に対する中間八十三家の随身をめぐる事態は、両苗側にとって正に容易ならざる事件であったに違いない。文政五年八月の「両苗家来筋相手ニ相成候者名前」の記録は[32]、このような事件を動機に記されたものであろう。この記録には「此度私共相手取候分計相認」めるとして、家来筋・出入の者二十人の名前が記載されている。ここに家来筋・出入とあるのは、嘗て両苗それぞれに随身した家来の系譜に繋がる者たちであり、彼らは主家より田畑の譲渡を受け、あるいは小作人として一応主家から経済的な独立を示しながらも、なお主家に対して身分的な随身関係を強く残されていたものであって、家来筋は出入よりもその随身関係を濃厚にしていたと言える。この紛争において、その主役を演じた者はこの随身関係の濃い家来筋の者たちであったことは、二十人のうち十七人も占めていることによって知ることができる。

ところで、中間八十三家の中から随身関係拒否の事態を招いた然るべき根本的な原因としては、まず何よりも彼らの経済的な独立に求められる。この経済的な独立に関しては、後に人見完治家の土地経営事情を通してその一端に触れるであろう。また今回の事態を招いた現実的動機として両苗と中間八十三家との間における利害的対立を指摘することができる。この点、文政三年十月「馬路村土根組中」(=中間八十三家)の名をもって両苗を相手取り代官所に訴えた「乍恐奉願口上覚」によってうかがえる[33]。この「覚」の主な内容は、「山御年貢、往古者村方同様割方ニ候処、近年ニ至り銘々共儀者多分相懸り、両苗中者少計差略も有之」云々、あるいは、「天明弐年三年、村入用割帳面写之内、弐拾九石余両苗徳米ニ而記、小前割別帳御座候徳米之儀、御高ニ割付取上候儀不宜御座候」云々に対する両苗の「権勢」、「我侭」を無くして、「穏ニ農業仕候様」善処していただきたいと言うものであって、両苗による山年貢の不合理な割付や村入用帳面への疑惑などの利害的対立が存在していた。

以上両苗の村方支配の実態の課題のもとに、説明の不備な点を残しながらも、一応三つの出入り紛争問題を通してみてきた。すなわち、一つは安永五年に見られた「分ヶ山」出入りである。ここでは、村落共同体的規制の支配権を掌握していた三番百姓＝村方支配層（主に両苗）による自給肥料給源地たる野山採草地割の不平等をめぐって、水呑小者層より提起された紛争を。その二は、貢租の徴収権を握る両苗による貢租割当ての不合理、勘定帳面上の疑惑により、水呑小者側より提起された公租直納願い及び高掛り不払い紛争を。そして最後に両苗と中間八十三家（家来筋・出入）との間における身分的な随身関係をめぐる紛争について述べてきた。いずれにしても、時代の変遷とともに下層の人々の意識の変化につれて、上層階層の不正や横暴への対抗という紛争を起こさしめ、また、下からの種々な抵抗を予想されながらも、両苗は郷士身分の権威と全体的に土地所有の優位性に支えられながら、そのまま明治に至ったものであった。

註

(18) 人見秀彬「古証之写」に馬路村郷士として河原姓が見られ、彼等の係累の者が小番組庄屋肝煎として存在していたことは各証文奥印によって知られる。

(19) 二つの組に所属の百姓には、事情の如何は分明でないが、組所属の移動がみられたようである。寛政四(一七九二)年九月の「一札」に利兵衛他四名が、小番組より両番組への所属変更を出している。次のとおりである。

一札

私共儀往古者御両番百姓ニ而御座候処、中古小番組内ニ相加リ罷在リ候、此度故障之儀有之小番組内を相離候、依之亦々往古之通御両番百姓ニ御入被下候様御願申上候処、御聞済被成下一同難有奉存候、尤此已来いケ様之筋有之候とも小番組江相加リ候儀毛頭無之、且又御両番江相対し疎略不実の儀子々孫々ニ至迄一向仕間敷候、為後証一札仍而如件

寛政四年壬子九月十八日　利兵衛（他四名連印）

御両番御役人中様

(20) 安永二年「丹州馬路村両番と小番組と弓矢出入御吟味荒増控」

(21) 前掲『南桑田郡誌』六七頁に「行政上の異例」として「馬路村に於いてのみ ― 大番中番小番の別称を為し、村高を氏族によりて分ち各様に負担を為し来れるなりとぞ」とある内容は、こうした点を指しているのであろう。

(22) 元治元年甲子十二月中「東御奉行小栗下総守殿　於御役所ニ御尋差縺返答手続書」

(23)(24) 馬路町自治会所蔵文書　慶応四年「村明細帳」、天保四年「綿作下見帳」

(25) 安永五年「馬路村小者共分ヶ山之義ニ付庄屋返答書写」

(26) 馬路町自治会文書　文政四年己十二月「乍恐奉願口上書」

(27) 文政四年己四月「乍恐口上書」

(28) 文政七年申十二月「乍恐口上書」

(29) 文政八年酉五月「乍恐口上書」

(30) 文化十三子年八月「差上申一札之事」

（31）馬路村自治会所蔵　文政三辰年九月「中間一件記」
（32）同自治会所蔵　文政五年午八月「両苗家来筋相手ニ相成候者名前」
（33）文政三年辰十月「乍恐奉願口上書」

両苗郷士の経済的基盤

村内における経済的地位

先述のように、馬路村における人見中川両苗は、郷士集団＝帯刀仲間を組織し、もって彼等の郷村における身分的地位の優越性を誇示していたものであった。しかし、こうした郷士としての身分と郷村の平百姓に対するその誇示も、この地における単なる旧族としての格とか身分のみでは、その誇示を保ち得るものではない。その格・身分を保ち得たのは彼らがもつ経済的基盤によるものであろう。したがって、ここにまず両苗郷士の経済的基盤・地位に関してみることとしよう。

ところで、明和二（一七六五）年の「反別名寄帳」を集計すれば、表3のごとくになる。当表は両番高のみについて、さらに神田高、出作高を除外した数字に基づいて集計したものであるが、これによって両苗の経済的基盤を十分にうかがうことができよう。

表3　明和2（1765）年馬路村農民の階層構成（両番高）

石高階層	戸数			石高		
	総戸数	両苗戸数	その他戸数	総石高（石）	両苗石高（石）	その他石高（石）
50石以上	1	1		58・4921	58・4921	0
30～49	3	3		104・3333	104・3333	0
20～29	5	5		128・4324	128・4324	0
15～19	2	1	1	36・6331	19・6936	16・9395
10～14	9	6	3	106・9038	73・6996	33・2042
7～9	11	9	2	90・0025	74・6628	16・3397
5～6	18	10	8	107・6284	60・9951	46・6333
3～4	26	11	15	109・2001	41・7728	67・4273
1～2	35	9	26	68・5679	20・7376	47・8303
0·5～0.9	22	6	16	14・3962	3・5470	10・8492
0·8石以下	64	2	62	9・8497	0・0800	9・7698
計	196	63	133	834・4396	585・4463	248・9933
50石以上	0・5	0・5		7・0	7・0	
30～49	1・5	1・5		12・5	12・5	
20～29	2・6	2・6		15・4	15・4	
15～19	1・0	0・5	0・5	4・4	2・4	2・0
10～14	4・6	3・1	1・5	12・8	8・7	4・1
7～9	5・6	4・6	1・0	10・8	9・0	1・8
5～6	9・2	5・1	4・1	12・9	7・3	5・6
3～4	13・3	5・6	7・7	13・1	5・0	8・1
1～2	17・9	4・6	13・3	8・2	2・5	5・7
0·5～0.9	11・2	3・0	8・2	1・7	0・4	1・3
0·8石以下	32・6	1・0	31・6	1・2	0	1・2
計	100%	32.1%	67.9%	100%	70.2%	29.8%

注：当表は、明和二年両番高「反別名寄帳」より作成。ただし、両番高より神田および他村より出作の分約264石7斗を除いている。なお、両苗63戸は宝暦～文化頃の「人見・中川」両苗の系譜と明和3年「記鑑」（両苗郷士帯刀人名）より抽出したものである。明和3年の両苗郷士は42名であるので、両苗であって郷士身分（地頭帯刀）であった者とそうでない者とが存在していたことになる。

表3に示されている石高総数は八三四石四斗余であり、総戸数は一九六戸である。この中で一〇石以上の高の所持者は二〇戸、総戸数の一〇パーセントに過ぎないが、彼らの所持高は総石高の五二パーセントに及んでいるのに反して、一石以下の極めて零細な高の所持者は八六戸、総戸数の約四四パーセントで、その所持高は総石高のうち僅か約三パーセントに過ぎず、高所持者の間で著しい階層分化のあったことを示している。

しかして、ここに注目しなければならない点は、人見・中川両苗の者が六三戸を数え、これらの者によって総石高の約七割が占められていることであり、さらには、右に見た一〇石以上の層二〇戸のうち両苗の者一六戸であって、これらの者は総石高の約四五パーセントをも占め、馬路村の上層部を独占していることであろう。このような点をさらに文政十（一八二七）年十二月の「定米帳・両番」によって見てみよう。表4がそれである。

この表も表3と同様に両番のみについて、出作の分を除く神田、本郷の分とあるものを含めて集計したものである。

ところで、表4においても表3とほぼ同様な形をとっていることが理解できよう。すなわち、総定米高一一〇一石五斗余のうち、その六九パーセント余が一〇石以上の層二九戸（総戸数の一六・五パーセント）によって占められており、この一〇石以上の上層部にあって特に両苗の者が二四戸を数え、彼らが占める定米高は総定米高の実に六〇・六パーセントも占めていて、両苗の者全体で総定米高の六八・六パーセントを占めている。この割合は、第3表の七〇パーセントとほぼ等しい数字となる。もちろん両苗といっても二つの表が示しているように、両苗内部の中でも階層の分化がみられることに留意されよう。一応五石を境界にして表3を見れば、両苗六三戸のうち五石以上は四九パーセント、五石以下は五一パーセントで

表4　文政10（1827）年馬路村農民の階層構成（両番高）

定米高構成（石）	総戸数	両苗戸数	その他戸数	総定米高（石）	両苗米高（石）	その他米高（石）
80～100	1	1		87・8889	87・8889	0
50～79	3	3		184・1146	184・1146	0
30～49	3	2	1	113・9574	74・2054	39・7520
20～29	8	8		188・5398	188・5398	0
15～19	3	2	1	56・6513	37・6848	18・9665
10～14	11	8	3	132・0165	97・4854	34・5311
7～9	10	4	6	83・1939	33・5054	49・6885
5～6	6	2	4	33・6777	11・8451	21・8326
3～4	31	6	25	122・1478	25・1517	96・9961
1～2	39	7	32	75・3118	10・8604	64・4514
0・1～0・9	20	2	18	15・3187	1・3529	13・9658
0・8以下	41	7	34	8・7164	1・9071	6・8093
計	176	52	124	1101・5348	754・5415	346・9933
80～100	0・6	0・6		7・9	7・9	
50～79	1・7	1・7		16・5	16・5	
30～49	1・7	1・1	0・6	10・3	6・7	3・6
20～29	4・5	4・5		17・2	17・2	
15～19	1・7	1・1	0・6	5・2	3・5	1・7
10～14	6・2	4・5	1・7	12・0	8・8	3・2
7～9	5・7	2・3	3・4	7・5	3・1	4・4
5～6	3・4	1・1	2・3	3・1	1・1	2・0
3～4	17・6	3・4	14・2	11・1	2・3	8・8
1～2	22・2	4・0	18・2	0・8	1・0	5・8
0・1～0・9	11・4	1・2	10・2	1・5	0・2	1・3
0・8以下	23・3	4・0	19・3	0・8	0・2	1・6
計	100%	29.5%	70.5%	100%	68.6%	31.4%

注：文政10年12月「亥年定米帳・両番」より作成。ただし、出作高約244石６斗を除く。なお、両苗戸数52戸とあるのは、化政期における両苗帯刀人の名前と照合した数字であって、帯刀人でない両苗の数は計算されていないので、両苗数に若干の増を見込む必要がある。

あり、表4においては両苗五二戸のうち前者五八パーセント、後者四二パーセントとなる。こうした両苗の中の階層の分化は分家株、次男株、家来筋・出入りへの譲渡、あるいは経済的困難による両苗内部ないし一般百姓との間における売買譲渡等によるものであろう。ただし、このような両苗中の零細な層といえども、両苗全体の組織の中に包摂され、村方における両苗としての身分的優越性は保持されていたことであろう。

しかして、何はともあれ以上によって明らかなように、人見・中川両苗は馬路村両番高の中で七〇パーセントに及ぶ高の占有を行い、しかも一〇石以上の上部層部の戸数のうち八〇パーセントが彼らの占めるところであって、ここに全般的に見た両苗の馬路村における経済的基盤と地位の高さを知ることができるのである。

土地経営事情

両苗の馬路村における全般的な経済的地位の高さについて見てきたが、こうした両苗たちが所有する田畑の経営事情一斑について次に明らかにしておきたい。

ところで、元治元（一八六四）年十二月京都町奉行所に差出した「御尋差縺返答手続書」の「ヶ条返答覚」のなかの一齣に、「郷士身分ニ付、田地畠家来之者ニ支配為致来リ候処、取立厳敷追々難渋仕、家来任ニも難相成」云々の文書を見ることができる。

この文書において、両苗は郷士身分なるがゆえに田畑は家来の者に支配させてきたとあるが、ここに言う「家来」とは一体いかなる性格のものであり、また、家来に田畑を支配いたさせてきたとはいかなることを意味するのか、さらに、このような両苗の田畑経営事情がいつの時代までそうであったのか、これらの点を明らかにする必要があろう。ただし、こうした点を充分に知り得る史料は現存しないが、宝暦〜安永期、文化~文政期の記録によって、まず、両苗の「家来」なるものから考察しよう。

両苗と「家来」

明和~安永期における両苗と小百姓との間で争われた神事能、弓的紛争一件の文書の中に「私共村方ハ百姓ニ次第不同御座候、人見中川両家之者郷士と申候、此度相手方之者小百姓と申候、中間小百姓八十三家有之候、水呑小百姓是者惣百姓打込小者と呼申候、右之通四等有之、其次第古来ヨリ仕来旧規等御座候」とあって、馬路村では古来より人見・中川両苗郷士、小百姓、中間小百姓八十三家、水呑小者という四つの階層があるとされている。[34]

ところで、当面の問題に直接関係があるのは、四つの階層のうち一番の「両苗郷士」と三番に位する「中間小百姓八十三家」である。実はこの「中間小百姓八十三家」とあるのが「両苗郷士」の「家来筋」にあたるものである。すなわち、この点は左の文政五(一八二二)年の文書によって明らかであろう。[35]

両苗家来筋相手ニ相成候者名前
中川禄左衛門
家来筋之者
虎右衛門 「虎右衛門、半兵衛義ハ家来筋之(者脱カ)ニ御座候而、半兵衛義ハ年貢ニ差つまり家差出し候ニ付、禄左衛門買戻し無借賃ニ貸置申候、虎右衛門義ハ居屋敷無年貢ニ而数代之間貸置申候、只今ニいたり同様ニ御座候」

出　入

富　助「富助義虎右衛門兄ニ而、別家仕居候者ニ御座候」

万　助「万助義家来筋之者ニ御座候へ共、九ヶ年以前暇遣し申候」

人見団六

家来筋之者

又兵衛

同小助「小助義ハ団六父団三郎代ニ暇遣し申候」

同本助「本助義小助同様ニ御座候」

（以上のほか両苗八名、その家来筋十二名・出入一名の記載あるも略す）

右之者共ハ仲間八十三人之内、両名家来筋出入之者ニ御座候、此外ニ当時随身仕、古来之通相守申居候者共之内、亦者八十三人之外ニ者数多御座候得共相認不申、此度私共相手取候分計相認奉差上候以上

文政五年午八月八日

丹州桑田郡馬路村

庄　屋　富右衛門

年寄　太郎兵衛
堂六人之内　八郎右衛門
仲右衛門

御奉行様

右文書に記されている「此度私共相手取候」とされている事件の内容に関しては後に触れることとして、この文書によって「中間小百姓八十三家」が両苗の家来・家来筋の者たちであったことが明らかにされる。このような中間＝家来なるものは、史料的に慶長十二（一六〇七）年に既に存在していたようである。すなわち、「御両門衆江中上候忠節」（慶長十二年未六月十七日）なる文書の一駒に「両門附之中間」という記事を見ることによって肯けよう。[36] そしてまた、この中間＝家来なるものは「土根組」とも別称されていた。この点は、文化十三（一八一六）年八月の「一札」文書のなかに、中間八十三人のうち八人の者が導養寺の修復に際して、寺の拝柱に「往古土根組八十三人立之と中文字新規ニ彫付」云々の文書によって明らかである。この事件において、両苗側から杉浦地頭に訴え、吟味の結果、土根組側が「御咎メ」を受け、先非を悔いるとともに、「古来之通御両名之思召ニ少も不背、相随イ、何事ニよらす出情(精)仕候而、永々御随身可仕候」と、改めて両苗への随身を誓わされたものである。この点は先述に触れておいた。

しかして、「中間八十三家」＝「土根組」＝「家来筋」なるものが、いかなる由縁によって両苗のもとに存在するようになったものであろうか。この間の事情に関しては必ずしも明白にはなしえないが、ただ、文政三年十月の「馬路村土根組中」の名をもって、代官所に宛てた「乍恐奉願上口上書」の中に、「元来、私共義者、馬路村草分百姓ニ相違無之」云々の一節を見出すことができる。[37] この文書より推測すれば、両苗に随身を誓った土根組なるものは、人見、中川の両苗一族が馬路郷にそれぞれ土着したと考えられる平安・鎌倉時代（人見氏）、室町時代（中川氏）のその後、それは少なくとも慶長十二年以前において既に馬路の草分百姓を支配従属せしむるに至ったと想定することができよう。なお、土根組の土根とは草分百姓の草分の意に通じるものがあろう。このように草分百姓の両苗への従属を想定することができるが、その一方で関順也氏が指摘しているように、丹波地方では当地に土着時引率して来た一族郎党のいわゆる「家来」の後身であるとも推測されなくはない。[38]

以上に、「家来筋」＝「中間小百姓八十三家」＝「両門附之中間」＝「土根組」＝「草分百姓」などの関係を明らかにしてきたが、近世において「家来筋」と称されてきたこれらの者たちは、両苗それぞれに「永々随身」を誓う従属的な下人として、両苗の田畑の耕作に従事していたものであろう。先に「家来ニ支配為致」とあるのは、この従属的な家来筋による田畑の直接耕作という謂であって、両苗たちは彼ら家来筋の労働力の基礎の上に地主手作的な土地経営を行っていたものであろう。この両苗の土地経営事情のより具体的な内容がどのようなものであり、また、それが一体いかなる時代までそうであったのか、こうした点を次に見なければならない。

土地経営事情一斑

しかしながら、右に問う問題の要求に応え得る十分な史料は現存せず、両苗の土地経営事情の全般について見ることはきわめて困難である。しかし、ここに両苗の一人である人見完治家の土地経営事情に関する記録が僅かながら残されているので、これをもってその一端を取り挙げておきたい。

（注）ここに取り挙げた人見完治は、天保十一年二月の「先祖ヨリ名前其外取調書」によれば、杉浦氏の地方支配役（代官）人見団右衛門（宝暦十二年死亡）の養子であり、彼も延享元年六月養父団右衛門の役儀見習として五人扶持、同三年三月家督相続、御給人格、拾人扶持を与えられている地頭家来であって、この点両苗の多くとは異なる身分条件におかれていることに留意すべきであるが、彼の土地経営事情に関しては、他の両苗のそれとほぼ同様であったと考えられる

ところで、現在人見家には右の人見完治の記録に関わる文書が残されている。ここに直接関係を有する文書としては、宝暦～安永期における「祝寿南山中」、「天福皆来中」、「量入為出」」「萬皆円満中」などの表題を付した記録（私製本にされ、完治蔵書とある）を挙げることができる。ただしこの時期以前に遡りうる記録はほとんど残されていない。したがって、以下に述べようとする家来筋の労働に基づく地主手作経営の分析に制約を受けざるを得ない。

まず表5は、宝暦五（一七五五）年における人見完治家の年度収支計算書である。

表5によれば、この年度における完治家の総収入は一五二石六斗余であり、その内訳は、馬路村内持田

の作米を中心に、出雲村・河原尻村の田地の作米および杉浦氏からの扶持米となっている。その一方総支出は八九石九斗余であり、その内訳は、貢租・諸掛、飯米・払米であって、収支差引き残額六二石七斗余となる。この残額のうち、当年度に約四四石八斗を売却し、約一七石九斗を余米として手許に残されている。こうした完治家の年度収支計算書から当家の土地経営規模の概略を知ることができる。

　ところで、完治家の馬路村における「完治持田地作敷勘定」の内容についてさらに具体的に見てみよう。表5と同じ宝暦五年の「田地名鑑」によれば、完治家で表6のごとき田地等を所有していた。

　表6に見るごとく、完治家では神田・小番高・伊勢講田・出雲村田籔の不明反別を除き六町二反歩の田地を有し、全体的に下作米一五三石余を収納したことになっている。こうした完治家の土地経営の形態について、馬路村持田地のみを取り上げて検討すれば、同一年度の記録を欠くが、宝暦五年の翌年の記録である「完治持田地勘定」について見ると、当年度の手作米と下作米（小作米）の合計「米納百弐拾弐石五斗九升一合九勺」とあり、[39]このうち「参拾弐石五斗、手作米引」とあるので、手作米二七パーセント、小作米七三パーセントの割合となる。この割合をもって手作地、小作地のおおよその田地面積を推測することができるが、幸いにこの年度の紙片の「覚」に「内作之覚、田数合壱町四反五畝歩」と記されており、前年の所有田地六町二反歩に変化ないものとすれば、宝暦六年における完治家の土地経営は手作約二三パーセント、小作七七パーセントの割合をもって営まれていたこととなる。このような割合を見れば、この時期においてかなり広汎な地主・小作関係の成立を見ていたこととなる。なお、宝暦六年より遡る寛延四年（宝暦元年）「未年手作覚」に「田数合弐町壱反半」とあり、この五年間において完治家の手作地はか

なり縮小している。以上のような地主手作経営の縮小、したがって地主・小作関係の展開は徳川中期以降の一般的現象であり、馬路村もその例外ではなかったことを示している。

次に、完治家の宝暦六年における一町四反五畝歩の手作経営について、その労働過程、つまり耕作下人・奉公人労働に関して見ておこう。

宝暦六年の「祝寿南山中」の記録には「子年、奴妃」として七人（男三人、女四人）にたいする給米が記されている。この給米例の二・三を掲げておくと次のようである。

表５　宝暦５年度収支計算書

総収入	石
馬路村完治持田地作敷勘定	121・0086
出雲村田地、河原尻村出作勘定	12・1307※
扶　持　米	19・4700
合　計	152・6093
総支出	
馬路村貢租諸掛	60・5625
出雲村、河原尻村貢租諸掛	2・4460
飯　米・払　米	26・9161
合　計	89・9246
差　引	62・7847
内：売　米	44・7900※※
余　米	17・8947

注：宝暦５年「祝寿南山中」記録より作成。表中の※印は出雲村での買米７石５斗３升７勺を含む。※※印は河原尻村貢租米残りを代銀にて受けているのでこれを売米と看做す。

表６　宝暦五年度完治家所有反別・下作米

馬路村	町　反　畝		石　斗　升　合　勺
上　田	1・9・5	下作米	44・9・4・6
中　田	1・1・0	下作米	24・6・2・0
下　田	2・9・5	下作米	64・8・0・4・4
神田・小番高・伊勢講田		下作米	10・8・4・0
合計	6・0・0	合計	145・2・1・0・4
河原尻村下田	1・0	下作米	2・0・0・0
池尻村上田	1・0	下作米	2・8・1・2・5
出雲村　田・籔		下作米	3・5・4・0
合計	2・0	合計	8・3・5・2・5
総計	6・2・0	総計	153・5・6・2・9

注：宝暦５年「田地名鑑」より作成。ただし、馬路村内の神田・小番高・伊勢講田および出雲村の田・籔の所有反別についてはその数量は不明、したがって、完治家の所有反別は総計の６町２反より多いこととなる。

子年　奴妃
子正月ヨリ利
一、百弐拾八匁ト四リ　　亦助預リ
利　十六匁七ト五リ　　十二月迄利足
〆百四拾五匁五ト九リ　不足
壱ヶ年分
一、　米納弐石　　給米
内六斗六升六合六勺　　月十日宛休日引之
残壱石三斗三升三合四勺
内二斗八月十五日山越かし
残壱石壱斗三升三合四勺　　給米渡
代七拾四匁八ト　　六十六匁かへ
〆弐百弐拾匁三ト九厘
（以下略す）

壱ヶ年ト
一、　米納壱石五斗　　長助給米

代六匁六ト　木綿壱反染代共かし
米壱升　かし
一、八拾八匁六ト　亥年給米残預リ　利なし
壱匁　池尻　元や払
残壱石四斗九升　代九拾八匁三ト四リ
内十四匁三ト　銭壱貫文かし
差引　〆百六拾五匁四リ　預リ

ところで、宝暦六年における完治家の手作地は、「奴妃[40]」と記されている七人（亦助・長助・新六・はつ・やつ・くめ・すつ）の労働力を基礎に経営されていたものであったが、これら従事の七人のうち少なくとも亦助[41]（又助とも記されている）、長助の二人の者は先述した両苗之家来筋・中間八十三家に名を連ねているものであったことに注意せねばならない。[42]その他のものについては事情分明でないが、新六は単なる年季奉公人であったと考えられ、また、下女の多くは村内貧農の家計補充的な年季（もしくは半季）奉公人として雇用されていたものと考えられる。

しかして、完治家の手作地に従事する七人のうち特に問題とすべきは、家来筋・中間の亦助、長助の二人の主家完治家との関係であろう。ここでは消息十分ではない長助についてはさて措き、亦助に関して主家との労働関係を見れば、先の給米例に示されているように、支払労働形態は年二石の給米契約的な関係

に立っており、さらに、「月十日宛休日」という労働形態で、主家の手作地の耕作に従事している。こうした主家に対する労働形態はもはや中世的な隷属的下人としてではないこと明らかであろう。月十日宛の休日を取り得た亦助は、実は、主家から屋敷・田畑の譲渡を受けこの耕作に従事していたものと思われる。この点は、次の完治家の「田地名鑑」（宝暦六年）によって明らかであろう。

字堂開地
一、同（上田）　分米壱斗　　同（下作米）　弐斗六升六合
字田中前西出水
一、上菜畑　　分米弐斗五升　　下作米　　五斗五升
（朱記）此田畑・屋敷家来又助相望候ニ付聞届遣シ候、宝暦六年子年十二月譲リ渡ス

右の記録では家来又（亦）助が上田・上菜畑を合わせ分米三斗五升と屋敷を主家から譲渡され、独立化の方向に進んでいることがうかがえる。主家の手作地で月二十日間働き、残る月十日を上記の田畑の耕作に従事していたものであろうか。さらに、宝暦六年より八年後の明和二年の「反別名寄帳」によれば、「完治ト　又助」との分付形式をもって反別四畝二六歩・五斗七升五合の高を所時するに至っており、宝暦九年以降には完治家の「給米覚」の中から又助の名前は消えており、この時期を境にして又助は主家からほぼ独立していったようである。さらにまた、明和八年の完治家の「田地下作之覚」には、又助は「二

筆・下作米高二石三斗三升六合、此納一石九斗四升六合六勺」を請け、下作人（小作人）ともなっている。[43]以上に又助の主家に対する労働関係ならびに家屋・田畑の所持と独立化ならびに主家の小作人化を明らかにしてきた。そして、宝暦六年の先の記録に「家来又助」とあった彼の身分は、完治家の「家来筋」へと変わっていったものと思われる。[44]

ところで、以上の叙述を通して完治家の家来・下人が独立化していく過程および時期について一応の推察を与えてきたが、このような問題についてなおさらに明確にしておこう。この点、先の明和二年の完治家「反別名寄帳」に又助のほかなお三名の分付記載が行われている。[45]これら三名（藤内、源七、又介）は言うまでもなく家来・中間八十三家の一員である。[46]この三名のうち、史料的に明らかにできる藤内なるものについて見よう。彼は右の名寄帳には「完治ト　藤内」として反別五反二畝一八歩・六石五斗六升の高を所持するに至っている。しかして彼のこうした所持高は主として寛延から宝暦にかけて主家から譲り受けたものであった。すなわち、寛延三（一七五〇）年「午年藤内へ相渡候田地之覚」によれば、四筆・高〆三石六斗三升、さらに、宝暦十二（一七六二）年「午十一月田畑譲渡勘定帳」に記載の「内　藤内」の分によれば三筆・高〆一石一斗二升、この合計高四石七斗五升を主家より譲り受けている。以上のようにして又助および藤内の事例から推察すれば、主家の完治家に隷属せる家来・中間下人の独立化は主として宝暦年代に行われたと見ることができよう。

以上において、両苗の一人人見完治家の土地経営規模とその形態について述べ、ここにおける主として完治家の手作地経営における家来・中間下人の存在と彼等の主家に対する労働関係および彼等が主家より独立化して行く時期などについて考察を与えてきたが、最後に、完治家の小作関係について言及しておきたい。既に明らかにしておいたように、完治家の土地経営形態として、宝暦五・六年の時点において手作地約二四パーセント、小作地約七六パーセントという、かなり広範な小作関係の成立している事情を知り得たが、このような小作関係に関する史料として、ただ明和八年の「田地下作之覚」を見るのみである。したがって、以下は当「覚」を中心に述べておこう。

ところで、先に完治家の家来亦助は中間下人であったが、二筆・下作米高二石三升六合（此納・一石九斗四升六合六勺）を請け、下作人（小作人）として存在していたことについて触れたが、当史料を示しておくと、次のようである。

字細道　　　　下作人出水　亦助
一下作米二石三斗　　此納壱石九斗壱升六合六勺
字出水前菜ばた
一同三升六合　　此納三升
内　米七斗壱升六合六勺　　干損ニ付当免引　但廿五束五合付
　米五斗　　十二月十二日郷蔵納
　米七斗　　十一月十九日郷蔵納
　米三升　　十二月廿五日内へ納

〆壱石九斗四升六合六勺
右之通受取相済

ところで、右の史料に見る「下作米」とは、小作料の基準となる田地一筆あたりの実収予想高を示すものと考えられ、小作料そのものを示したものではなく、「此納」とあるのが、いわゆる規定小作料である。亦助の場合の「此納」、すなわち規定小作料は、「下作米」高の約八三パーセントとなっている。明和八年における完治家の一筆あたり「下作米」高の合計は七二石一斗余であり、「此納」すなわち一筆あたり規定小作料の合計高は五五石七斗余であって、[47] これは「下作米」高の約七七パーセントにあたり、この割合は高率な小作料であることは言うまでもない。[48]

しかして、次に「田地下作之覚」に現れる三十四人の「下作人」について見ると、このうち少なくとも十五人の者は、「馬路村仲間八拾三人名前之覚」（人見完治家「古証之写」）に記されている点についてである。この十五人の者全部が完治家所属の仲間であったのでは勿論なく、他の両苗所属の中間による「下作人」であったと考えられる。このように完治家の小作地は三十四人のうち少なくとも十五人は「仲間」小作人であり、その残り十九人は自村（十七人）、近村（二人）の普通小作人であって、ここでは仲間小作人と普通小作人との混在によって小作地の経営が行われていたものである。

註

(34) 京都府庁所蔵文書『明治以前民政史料調査』によれば、杉浦氏支配地における農民の階層を、上農（名主或は郷士などの由緒筋目連綿たる者）、中農（古来よりの草分百姓）、下農（一般の農民）の三階層に分けている。

(35)(36) 馬路町自治会所蔵文書。文政五年午八月「両苗家来筋相手ニ相成候者名前」、文政三年辰十月「乍恐奉願上口上書」

(37) 人見完治記「古証之写」。

(38) 関順也「近世前期における大堰川筋農村の構造」『丹波史談』記念特集号、丹波史談会、昭和二十五年十二月参照。

(39) 宝暦六年「祝寿南山中」所収。

(40) ここに「奴妃」とあるのは、中世的な隷属的下人を想像せしむるが、完治家の仲間下人を除く他の大部分については、この表現は必ずしも適合するものではない。「奴妃給米覚」は「奉公人給米覚」とも記されている。

(41)「又助」は「亦助」と同一人である。宝暦六年「奴妃給米覚」には「亦助」、同七年には「又助」、同八年には「亦助」と記されている。

(42)(43)「馬路村仲間八拾三人名前之覚」人見完治記「古証之写」所収。ただしこの「覚」では長助は伜源六に代っている。

(44)「反別毛附帳」明和八年「天福皆来中」所収。

(45)「家来筋」については、本文の文政五年「両名家来筋相手ニ相成候者名前」を参照。ここには「家来筋」、「出入」の二つが記載されているが、これら両者の性格の区別あるいは両苗との隷属関係などについては十分明らかではないが、後に触れる機会があろう。

(46) 明和二年「反別名寄帳」の完治分附記載者四名のうち外二名は源七（高八升五勺）、又介（三斗五升）である。ただし、「又介」は「又助」と同一人であるやも知れないが、明確でないので一応別人として取扱っている。

(47) 明和八年の規定小作料五五石七斗余を、宝暦五年の小作料約八八石五斗と比すれば、この間にかなりの減少が推測されるが、これは完治家の所有地の減少を意味するものであって、その理由は次の点に求められる。すなわち、宝暦十二年「祝寿南山中」の記録に十二年より十三年にかけて「身上及枯却、田地家財を以借銀返済申候」とあり、完治家の経済的困難による所有地の減少が考えられ、また、宝暦十二年における弟団治郎（八反九畝五歩、高一〇石七斗一升九合五勺）の分家創出、さらには、本文に見たように完治家の仲間下人の高譲渡による独立化などに因るものであろう。

（48）小作料に関して、慶応四年「村明細帳」には、馬路村の反あたり収量は不明であるが、「田畑下作当テ米、壱反ニ付壱石六斗ヨリ弐石迄、尤上中下ニ而高下御座候」とある。

第二篇　「両苗」郷士の政治的運動の展開

はしがき

中世来、丹波国馬路における土豪＝地侍として、郷村支配を行ってきた人見・中川両苗郷士が、豊臣秀吉の兵農分離過程において本百姓の身分に固定されながらも、赦免屋敷地の特権を与えられるとともに、近世初期からいわば旧族郷士としてその身分を郷村に誇り、元禄期旗本杉浦内蔵允出雲守の知行支配地となった以降においても、「郷士帯刀」あるいは時には「地頭帯刀」として存在し、また、両苗郷士一族の結束と統制のための仲間組織・規約をもうけて帯刀仲間なる郷士集団を結成していたその内容、両苗郷士の対領主関係、彼らの郷村支配の実態および両苗郷士のよって立つ経済的基盤などについて、第一編において一応明らかにしておいたところである。

こうした丹波国馬路の人見・中川両苗郷士は、実は、幕末から明治維新にかけてかなり積極的な政治的行動をとり、いわゆる尊王精神を背景に攘夷から討幕運動へと展開を遂げて行った。ここでは幕末当時の国内のめまぐるしい政治的動向に必要な限り留意しながら、彼ら両苗郷士の政治的動向への具体的対応とその運動過程を明らかにしたい。

両苗郷士と江戸出府（攘夷運動）

幕末の動乱期は嘉永六（一八五三）年六月ペリーの浦賀来航によって開始された。幕藩封建体制はすでに動揺し、封建社会の危機が増大していたおり、これに強烈な打撃を与えたものは浦賀への黒船来航であった。当時の国内政局は幕府独裁派と雄藩勢力との間で、独裁か修正かの幕政改革をめぐる対立が激しく、またそれに将軍継嗣問題が絡んだことにより両者間にさらに激しい対立がみられた。こうした政局下にあって、水戸藩に優るとも劣らない攘夷論者であった幕府は、攘夷鎖国の世論をおしきって遂に安政五（一八五八）年六月大老井伊直弼の手により勅許を得ず日米修好通商条約を専断調印、翌年五月開港（神奈川・長崎・函館）するに至った。この開港は、世界的にも市場を形成しようとする資本主義の運動そのものによる必然的なものであったが、幕府にとっては、まず外国との紛争を回避して、その間に幕府反対尊攘派の粛清を断行することにあった。大老井伊直弼による安政の大獄（安政五年九月～六年十月）がこれであり、吉田松陰、橋本佐内、頼三樹三郎ら八名が処刑されるに至る。この大獄事件が万延元年三月三日水戸を中心に薩摩を加えた浪士による井伊暗殺の桜田門外の変を惹起せしめたことは周知のとおりである。

しかして、日米修好通商条約による開港を契機に国内では大きく経済的変動、物価騰貴をもたらした。これは国際的には世界の資本主義と接触をもつに至った反面、国内ではなお封建的生産機構が厳然と存在するという矛盾に因るものである。この経済的変動、物価騰貴により大きな打撃を受けていた都市大衆および俸禄武士、特に下層武士たちは、それら変動の原因を内に求めず、むしろ外に求めて攘夷鎖国論者となって現われた。そして、当時強力な武力を背景とした外国資本主義の力に屈して開国を断行し、攘夷鎖国断行への能力、期待を欠くものとみた攘夷派の人たちは、次第に幕府から離れて朝廷の周辺に結集して行った。攘夷と尊王との結合すなわち尊王攘夷論の成立これである。

ところで、嘉永六年のペリー来航に対する攘夷鎖国の世論が、外夷に備える海防農兵設置の問題として具体的にクローズ・アップされるに至る。たとえば、水戸藩では斉昭がすでにはやく天保初年から海防農兵設置の意見をもっていたが、ペリー来航によって安政二年九月農兵の編成を行ったものであり、土佐藩では安政元年に民兵と称して農兵の採用を領内に布告して外夷に備えたものであった。しかしながら、幕府はじめその他の諸藩においては、攘夷鎖国論者であっても一般的に海防農兵設置について必ずしも積極的ではなかったとされている。その理由とするところは農民の武装反抗の危険性、農民の負担と農業怠慢の危惧、士農の身分的秩序の崩壊などを恐れたことにある。幕府においては、江川太郎左衛門などによる海防農兵設置の積極的主張があるにはあったが、しかし、この設置は「頑愚痴鈍之土民ヲ物之用ニ而容易ニ不相立ハ勿論、却テ肝心ノ農事ヲ怠、無頼放埒ニ引入候基ニテ、果ハ国家の衰弱ト相成可申」（幕府海防掛意見書）、あるいは「当時之姿ニ而容易ニ農兵御取立有之候ハヽ、迚も心得方教諭等は不行届、忽ち百姓共気かさに相成、必らず御代官之指揮には不随、右の中剛気のもの頭取様ニ相成、下々ニ而党を組、公辺をも不憚様ニ成行可申哉ニ承存候」（幕吏木村政蔵意見）などの意見にみられる事態を恐れ、したがって、幕府の農兵設置には極めて消極的なものがあったとされている。[1] しかし、嘉永六年六月のペリー来航当時において、同年七月幕府は安部政権下で、尊王攘夷論の教主水戸の前藩主斉昭を海防参与の名目で幕閣の最高顧問に迎えているのは、一つには安部正弘の政権による幕府独裁の改定、協調政策の構想によるものであったが、いま一つには当時の攘夷鎖国の世論に応えようとしたものと考えられている。そして攘夷鎖国のための海防農兵設置の実践において、幕府は必ずしもそれを無視したものではなく、直領代官支配地や旗本知行支配地における有力農民、郷士の江戸出府をはかり、江戸周辺の守備を一応整えていたものであった。

　この点について、丹波国馬路村の両苗郷士が、旗本杉浦支配地における他の郷士らと共に、安政元（嘉永七年、一八五四）年と同二年の二回にわたり、杉浦氏の命令によりはるばる丹波の地より江戸出府を実行していることによって知ることができる。すなわち、「嘉永七寅年五月、丹州御軍役出府日数取調帳」、「嘉永七寅年十二月、御軍役ニ付勘定帳」、「嘉永七寅年、御軍役ニ付両苗割賦帳」、「安政二卯年十二月、両苗出府ニ付出入目録」、「安政二卯年十二月、御軍役ニ付勘定帳」、「安政二卯年十二月、御軍役三組割賦目録」などの史料[2]によって明らかである。これらの史料のうち二、三のものを整理し表出しておけば次のとおりである。

まず、表1の嘉永七寅年五月「丹州御軍役出府日数取調帳」によれば、同年の二月十九日より五月一日に至る間両苗郷士らが江戸に赴いていたことが明らかである。この間滞在人数に出入りの変動はあるが、

表1　嘉永7寅年5月「丹州御軍役出府日数取調帳」

延人数	江戸滞在費用（銭）	備考
84人	33貫600文	是者7人2月19日ヨリ晦日迄12日分、但1人1日400文宛
171	68・400	是者19人2月22日ヨリ晦日迄9日分、但右同断
168	67・400	是者24人2月24日ヨリ晦日迄7日分、但右同断
1,450	580・000	是者50人3月朔日ヨリ29日迄29日分、但右同断
247	98・800	是者19人4月朔日ヨリ13日迄13日分、但右同断
154	61・600	是者11人4月朔日ヨリ14日迄14日分、但右同断
240	96・000	是者8人4月朔日ヨリ□晦日迄30日分、但右同断
372	148・800	是者12人4月朔日ヨリ5月朔日迄31日分、但右同断
惣惣〆　2,886	惣銭〆1154・400	（此金、177両2歩、銭648文）

（注）江戸滞在費用の内訳合計と惣銭〆との間に200文の誤差あり

三月一日より約一カ月間にわたって五十人が江戸に滞在していたことになっている。

そして、約七十一日に及ぶ滞在中の費用は「惣銭〆千百五拾四貫四百文」となっており、これに江戸への道中往復の宿泊交通費、荷駄賃その他雑費を加えれば、総額銀にして「弐拾貫九百六拾四匁六分四厘」（嘉永七寅年十二月、「御軍役ニ付勘定帳」）の多額の費用に上っている。こうした費用は恐らく旗本杉浦氏支配地三組の村方ないし農民に割賦されたものであろう。次の表2の安政二卯年十二月「御軍役三組割賦目録」はこの点を示すと同時に、この年も両苗郷士らが、「兵賦御奉公」のため江戸出府を行ったことを示している。表2によれば、馬路村帯

刀人十五人、山国組帯刀人十人（内一人死亡）、三カ村帯刀人五人（三カ村は馬路組のうち池尻、出雲、小口の三村を指す）の計三十名が、同年七月二十三日頃より九月二十五日前後までの約二カ月間江戸に滞在していたことが明らかにされる。しかもこうした帯刀人三十名（内一人死亡）の江戸滞在費ならびに江戸丹波

表2　安政2卯年12月「御軍役三組割賦目録」

費用名目	費　用（銭）	備　考
下り入用	135貫文 144貫文	馬路村より15人下り道中川支ニ而15日分1日1人600文宛、銭135貫文ツヽ 山国より10人、3カ村より5人、右同断幷大野村銭144貫文（但し1名病気延着にて16日分）
江戸逗留中入用	699貫600文	馬路村帯刀15人7月23日より9月22日迄江戸逗留59日3カ村より5人7月24日より9月23日迄右同断 山国組帯刀人9人7月24日より9月26日迄62日（但し1名8月6日死去ニ付江戸逗留11日分）1日1人ニ付400文宛
登り入用	237貫000文 17貫377文	馬路村帯刀人15人、3カ村帯刀人5人道中13日分山国組帯刀人9人道中15日分 1日1人600文宛 荷物駄賃、飛脚、迎人足、寄合、村役人公用費その他の雑費
惣費用	1232貫977文	内、232貫文、夫役29人江戸逗留中60日分1日1人132文宛御手当として被下也
銭1000貫977文、此銀10貫310匁6厘（銭1貫文ニ付10匁3ト替丹州軍役惣入高）、他ニ軍役入用勘定雑用40匁、合10貫350匁6厘　此割　丹州三組御高5563石7升2合3勺ニ割、高1石ニ付銀1匁8ト5厘3毛宛 三組高　5563石0斗7升2合3勺　法　壱八六令五 内 馬路組高　2148石7斗2升6合8勺　此掛り3貫997匁7ト1厘 氷上組高　2107石5斗0升3合6勺　掛り3貫921匁1厘 山国組高　1306石8斗4升3合7勺　掛り2貫431匁3分8厘 注）馬路、氷上、山国三組の石高合計と三組高との間に1合8勺の誤差あり		

間の往復その他の諸雑費、すなわち「丹州軍役惣入用高、銀拾貫三百拾匁六厘（但し、地頭杉浦氏よりの手当金「銭弐百参拾弐貫文」の分を除く）、他ニ雑用四拾匁」の費用を杉浦氏の支配地である三組、すなわち馬路組（四カ村）、山国組（六カ村）、氷上組（十カ村）の合計高五五六三石七升二合三勺に「壱石ニ付、銀壱匁八分五厘三毛宛」ないし「法、壱八六令五」でもって割賦されている。

こうして三組に割り付けられたものを組所属の各村に、さらに各村の一般農民に対して割賦されたものであった。たとえば、安政二卯年十二月「御軍役四箇村割賦目録」は、馬路村、出雲村、池尻村および小口村それぞれの村高への割賦を示すものであり、同年同月の「御軍役西田堤年賦取立帳」は馬路村一般農民に対する軍役資金取立を示すものである。

以上において、先に触れたように幕府側の海防農兵設置の態度には極めて消局的なものがあったとされてはいるが、実は、ペリーの来航当時にあって幕府側では譜代の旗本杉浦氏をして、彼の支配地における郷士に対して「兵賦御奉公」を命じ、これが実施されている事実に注目せられよう。しかもこの江戸出府は杉浦支配地における各村、一般農民からの軍役資金調達において行われたものであった。なお、文久二、三（一八六二〜六三）年にかけては尊王派の京都制圧が行われ、尊王攘夷の最も高揚された時期であり、文久三年五月十日幕府をして余儀なく攘夷期日の決定をみたが、このような政治動向のなかに幕府は文久三年旗本をして兵賦と称し、彼等の支配地の知行高に応じ農兵を出さしむるに至った。こうした幕府の農兵設置の態度決定を請けて杉浦氏は両苗郷士らに三度目の江戸出府を命令したのである。この点「万延亥年（文久亥年の誤り）に又黒船到来士分召寄せとて江戸に参る、地頭の用向にて都合三度出府す(3)」、「我等此度兵賦御奉公被仰付、難在奉御請出府仕候」[4]と、三十四名の者が出府している。この江戸出府について「江戸在府中幷道中記」（文久三亥年四月）によれば、「文久三亥年三月廿九日村方出立致し、（中略）四月十四日七ツ時到着致候」とあり、先発十二名の者が京都より石部、浜松、見附、金谷、岡部、府中、三島、箱根、小田原、神奈川など各宿を経由（全行程約一三一里）して、同月十四日に江戸杉浦上屋敷に到着した旨が詳細に記されている。そして四月十四日より後続の者も含め総勢三十四名の者が少なくとも在府五十日以上の間、「大筒」操作の「調練」などを受けていたものであった。[5]

以上のごとく、丹波馬路両苗郷士らは嘉永六年のペリー来航の翌年とその翌々年及び文久三年の三回にわたり、特に幕府が「兵賦」を農民に課するに至った文久三年以前において、海防攘夷の名の下に旗本杉浦氏の命令により江戸に赴いた事実を指摘してきたが、ここで彼等両苗郷士の江戸出府を断行した動機について少しく明らかにしておきたい。

すでにしばしば触れているように、馬路両苗郷士らが遠路遙か江戸の地に赴いたのは、旗本杉浦氏の命令によるものであったとはいえ、しかし地頭の命令のみをもって両苗郷士の行動を理解することはできない。それは江川太郎左衛門が自己の代官支配地における農民との親密な関係から農兵設置を説いた場合とは異なり、地頭杉浦氏と両苗との関係は必ずしも親密なものではなく、この点はすでに前編において明らかにしておいたように、たとえば、杉浦氏の財政的窮乏において生じた享保年中の「地頭と郷士差縺出来候」一件にみられた両苗郷士の秀吉来の特権＝「赦免屋敷地」に対する貢租化の問題、すなわち、この一件は両苗の公儀出願によって「双方御礼之上、於評定所、制外之地と被仰渡、事済ニ相成」ったものであるが、あるいは杉浦氏の村内平百姓帯刀身分取立に対する両苗の不満から生じたと考えられる明和年中の「帯刀御免辞退願」一件などによりすれば、むしろ両者の間に感情的対立すら存在していたことに加えて、在地性をもたない江戸居住の旗本の命令のみで容易に応じたものとは考えられない。とすれば彼等の両苗郷士らの海防攘夷の動機を何に求むるべきか、それは藩屏に組み込まれ形式的に地頭の命令によるものであったとはいえ、主体的には彼等の尊王攘夷の精神に支えられたものであると考えられる。すなわち安政元年、同二年、文久三年の三回にわたり江戸に出た中川禄左衛門の「手記」に、「丹波馬路は制外の地とて日本制外三ヶ所の一也、殊に王城に近き所なる故勤王と云ふ事を忘れぬ様常に親父子の咄也、私廿一歳嘉永六年に亜米利加渡来、翌寅年二月六日江戸行とて地頭杉浦の御命にて両苗五十餘人其内一番出立に加はる、翌卯年に徳川将軍勢揃ひとて七月八日出立にて杉浦屋敷に参る」とあるのはこの点をうかがわしめるものであろう。[6]さらに、彼らは自身の手において嘉永年間「典学舎」なる私塾を馬路に開設している。[7]この私塾には元美作津山藩士中条侍郎なる陽明学者を招聘し、知行合一、実践行動主義を学びかつ尊王思想の教育を両苗一族の子弟に施していたものであり、ここに彼らの行動の思想的基盤をうかがうことができる。両苗一族の手によって作られたこの「典学舎」は丹波における最古の私塾とされているが、農村にあってこのような私塾を開設し一族の子弟を教育せんとした両苗の人たちの知的な態度はこれを評価せねばならない。幕末期において一族の中より医者、儒者、俳人などを輩出しているのは両苗のインテリゲンチャとしての存在を示すものであろう。[8]こうした彼等は当時の世情の動向に少なくとも無関心でありえなかったのであろうか。文化四年利尻島に露船が冠し来った当時の事件の内容を詳細にとどめた書写、あるいは黒船渡来にかかわる江戸在府日記などは、両苗郷士の世情動向に対する視野の広さを示しているものといえよう。[9]

註

（1）大山敷太郎著『近世日本の社会経済思想―封建社会意識の発展過程に関する一研究』一九四九年所収の第五章「農兵論」参照。

（2）馬路町自治会所蔵文書（同志社大学人文科学研究所保管中の当史料を借覧す）

（3）（6）中川禄左衛門「手記」中川小十郎編著『中川人見両姓戊辰唱義録』私製本、一九二二年、一一～一二頁。当編著の中川小十郎氏（一八六六～一九四四）は、慶応二年中川禄左衛門の長男として出生、禄左衛門の弟武平太の養子となる。東京帝国大学卒。戊辰戦争のおり山陰鎮撫に功績のあった禄左衛門・武平太と鎮撫総督西園寺公望との関係により、小十郎氏は一八九四年西園寺文部大臣の秘書官から京都大学書記官を務め、京大創立・事務に携わる。さらに、西園寺首相の秘書官を務め一九一二年退官、その後台湾銀行頭取、同行退職後の二五年勅選貴族院議員となる。以上のほかに、一九〇〇年京都法政学校（のち京都法政大学）を創立、一三年当法政大学を立命館大学と改称、総長に就任す。「立命館」の名称は、西園寺公が設けた私塾名の扁額に由来する。

（4）（5）「人見家文書」文久三亥年六月人見権八郎「江戸在府中幷道中記」。当「道中記」には「出立之事、加名川宿之事、到着之事、在府中之事、調練之事、御目見之事、献立之事、調練定日之事、異船到来之事、御触達之事、兵賦之もの差出之事、御元服之事、帯刀人急出府ニ付御褒美之事、振舞之事、出火之事、西丸出火之事」の興味ある記事あり。なお当「道中記」を記した人見権八郎は、文久三年三月二十九日馬路村出発より四月十四日江戸の旗本杉浦屋敷に到着する間の、この道中に要した日々の費用を詳細に記した「日記」を残している。当「日記」は江戸末期の物価を知る上で貴重である。

（7）京都府教育会編『南桑田郡誌』京都府教育会南桑田部会、一九二四年、一四二、三三六頁。典学舎について「中

条侍郎　美作国津山藩の臣にして陽明学を修む。馬路に於ける人見中川両姓の為に聘せられて典学社（舎）に教ふること約二十年に及び、万延の始京都に移住、更に津山学院の学長なること凡そ二十年なり。因に言ふ。養女として典学社に助教せし者は後の三輪田真佐子刀自なり」また、「同郡誌」に「馬路村にたる私塾にして、本群中最も古く顕はれたるものなり、塾主中条庸丸は経済学者にして美作国津山の藩士なり。嘉永年間本郡並河村に住居し同名の塾を開きしが、同年間馬路村両姓人見氏中川氏等の招聘に応じて其の地に移り、中川東仙の邸に於て典学舎を創始子弟を教育す。塾主中条氏の養女梅野亦才学あり、父に代りて生徒を教授せり。梅野は庸丸の後妻瀧野の生む所にして後三輪田氏に嫁す。現時女流教育家の泰斗三輪田真佐子女史は実に梅野其の人なり」とある。なお、後者とほぼ同じ内容の記事が井川市太郎編纂『丹波及丹波人』丹波青年社、一九三二年刊、三四〇頁に掲載されている。

（8）たとえば、人見家文書に明和～安永年間「中川玄隆伜小鉄京都儒者山田清次郎門弟ニ罷成候」に見るごとく京都に儒者門弟に送り出し、あるいは京都で医者開業の記事などを見るが、特筆すべきは、杉田玄白、前野良沢らと共に蘭学『解体新書』翻訳に従事した中川淳庵（三代目淳庵・天明六年歿）は、中川一族とされている（和田信二郎著『中川淳庵先生』立命館出版部、一九四一年刊参照）。

（9）人見家文書「蝦夷一件写」、前掲の人見権八郎「江戸在府中幷道中記」など。

両苗郷士と禁裏守衛（禁門の変）

嘉永七（一八五四）年から文久三（一八六三）年にかけて三度、海防攘夷の名において江戸出府を実行した馬路両苗郷士らは、その後の国内の政局にも無関心ではなかった。

周知のごとく、文久二年九月から翌年八月にかけてのこの期間は、攘夷運動がもっとも高揚された時期である。朝廷を掌中におさめた長州、土佐、薩摩各藩の尊攘志士たちは、朝廷を通じて全国を支配下におこうとした。そして尊攘派の全盛下に浪人による天誅や威嚇活動が行われ、攘夷祈願・親征の詔勅をみるに及んで、彼等尊攘派の全盛は最高潮に達したものであった。先にのべておいた幕府の農兵設置の決定はこの状況下で行われたものである。しかし、尊攘派のこうした政治的計画が進められていた過程において、朝廷より後退を余儀なくされていた薩摩藩を中心とする公武合体派と京都における幕府勢力の中心会津藩の連合が結成され、この公武合体＝雄藩連合による京都政権回復の計画が秘密裡に行われ、そしてこれは文久三年八月十八日の攘夷親征延期の決定をみたことにおいて達成されたものである。このとき尊攘派志士および三条実美ら公家たちは一朝にして京都から追放されるに至った（三条実美らの七卿落ち）。しかし、長州藩を中心とする尊攘派に代り京都に再び成立した公武合体＝雄藩連合政権も、薩摩藩を中心とする雄藩勢力との対立によってはやくもこの政権の自解をもたらし、ここに再び尊攘派の乗ずべき機を与えた。時あたかも水戸尊攘派の筑波山の挙兵、新撰組による京都池田屋事件の政変に接した長州藩は京都に向け出兵し、元治元（一八六四）年七月十九日京都防衛の薩摩、会津その他の諸藩兵との間に戦闘が行われた。この戦闘は特に御所蛤門をめぐって激烈を極めたものであり、これがいわゆる禁門の変（蛤御門の変）である。

ところで、右のような物情騒然、目まぐるしい政変特に禁門の変にさいして、馬路両苗郷士ら六十余名大挙武装をもって「大御所御伺」と称し二条城に赴いたものであった。この点に関して、中川禄左衛門の「手記」によれば、禁門の変当時の京都の状況や両苗の行動について、次のような記事をとどめている。すなわち「元治元年七月十八九日、長州薩州戦争あるとかにて京都過半大火、前代未聞驚入り廿日早朝弟武平太私両人愛宕山に登り参拝、夫より京都を見るに言語に尽くし難く、地獄の画を見る如く火焔恐しき事也、廿五丁目に下り暫時眺むるに大砲にて嵯峨天龍寺虚空蔵寺一時に焼失、其有様忘れ難し（中略）、翌廿一日早朝両人京都市火事の中を所々相窺ひ其内、大御所御無難を拝す、守護として将軍一橋殿二条城に御座候、即刻丹地へ引取り両苗一族俄に協議を遂げ、廿三日両姓六十余名大御所御伺として二条城へ参殿、渡辺伊予守御面会中飯を賜り、只今の処にては先づ平穏に存ずれば御引取下され、何時御頼みするやら計り難き旨申され引取る、馬路に帰り皆々両祖神参拝、両姓会議所に引取り老分始め両姓一統へ披露、尤も一統手鎗携帯後鉢巻捲昆布町高袴割羽織着す、人足五人に雨合羽弁当持参せしむ」云々と。[10]

この手記によって明らかなように、両苗郷士は禁門の変より四日後の二十三日、すなわち長州藩が衆寡敵せず敗走し、長州討伐の朝令（第一次征長の役）が出されたその日に京都に赴いたものであって、直接戦闘に参加したものではなかった。しかし、京都の政局の動向を敏感にとらえ、「大御所御伺」と称して御所禁衛に出向いた彼等の積極的な直接的行動に注目させられる。なお、京都市中の火事の模様について記されているが、このとき京都河原町萩藩邸、堺町鷹司邸、九条邸など出火し、兵火による焼失二万八〇〇〇戸とされている。

ところで、以上のような「大御所御伺」＝禁裏守衛について、文久三年「三月播磨林田藩士大高次郎及び山城西之岡郷士山口薫次郎といふ者が山城、大和、丹波三州の郷士を叫合して禁裏御守衛に当たらんことを請うて朝廷へ建白を奉った」とされていることから推察して、[11]三州の一つ丹波の馬路両苗郷士らも禁裏守衛の運動を既にこの頃より始めていたものと考えられる。元治元年子六月の「馬路村両苗郷士（士）一条之記」によれば、[12]「始メ頃ハ中年（万延元年）より始、願書以願出シ」たが、「ふと御地頭へ相聞へ、御差留ニも相成申候ハヽ、一両年中絶も仕候処、又候当子年（元治元年）春頃より文左衛門（人見市之丞の舎弟竹木文左衛門）ヲ以、会津殿へ願込手掛リ致候処、会津殿程なく本国へ御引相成候故、無致方候ハヽ（中略）一ッ橋殿江願込ミ」云々とあるのは、禁裏守衛請願運動の行ったことを示すものである。中川禄左衛門らの名において書かれた「当丹波国之儀者、王城接近之地、且上古より禁裏肆基御料と唱へ、大嘗会御抜穂被為行候旧例有之由緒他国と懸隔仕候、延歴年中平安城遷都之節賜勅御鳳輦御先列当国旧家之者御警衛仕、其後大内裏御造営中巡邏御警衛相勤」云々の文面は彼等の意識と立場を推察せしむる。[13] そしてこのような運動過程において七月十九日の禁門の変を迎えたものであった。

以上において、馬路両苗郷士の禁裏守衛運動と禁門の変参加の事実について明らかにしてきたが、次節にのべる両苗郷士の倒幕運動参加につながる一つの重要な契機となった両苗の「投獄事件」に関して触れておかなければならない。

この投獄事件そのものの概略は、右に明らかにしたように、少なくとも一ッ橋を介して行われようとした両苗郷士の禁裏守衛運動や特に彼等の大挙武装による禁門の変への行動に対して、領主杉浦氏の忌憚に触れついに投獄されるに至った事件である。[14] 「九月晦日地頭役人より両苗之内五人苗字を削り土百姓同様に呼出し、一ッ橋様江度々罷出工ミ致候杯ト申立、揚屋入幷入牢中付候事」とある文面は投獄事件の事実の存在を示すものである。[15] この事件がその後尊王倒幕＝戊辰戦争（山陰鎮撫）への積極的参加を決定づける一つの重要な契機となったとされる。それは獄中にて知り合った長州藩浪士河内山半吾なる人物との間で「無事獄を出づることを得ば、相提携して国事に尽す所あることを盟約するに至り、両姓後来の発展に至大の交渉をもつに至った」ことに因るとある。[16] この盟約に明治維新の担い手としての志士と郷士、豪農とのいわゆる「同盟論」を知るのである。河内山半吾なる人物は後述の慶応四年正月の西園寺公望の山陰鎮撫勢に長州藩兵と共に参加していた事実を中川禄左衛門「御一新勅使御発向日誌」によって知り得る。[17] 彼河内山は元治の両苗郷士の投獄事件のその後、慶応元（一八六五）年京都明暗寺の一虚無僧の姿に変して、馬路村重勝院（明暗寺末寺）に滞在、また、慶応三年に入り、同年七月十八日と十一月二十七日の二回にわたり秘かに馬路村を訪問、人見龍之進、中川武平太、中川祿左衛門らと謀議を凝したとされている。この謀議の内容は恐らく次節においてみる西郷吉之助、岩倉具視らによってなされた画策を意味するものであろう。

註

(10) 中川禄左衛門「手記」（前掲『中川人見両姓戊辰唱義録』一二〜一三頁）。なお、人見家文書元治元年甲子六月「馬路村両苗郷土（士）一条之記」によれば、元治元年七月「廿四日朝六ッ半頃参会所出立致シ候、（中略）廿五日弐カ所之備ヲ立、三条若狭屋と申方ニ一ッ橋殿之下宿有之、其方江落着、夫より一ッ橋有之御屋敷へ一統参、門番へ取次セ、丹州馬路村郷士都合廿三人、此度之御大変ニ付、兼而御願申出毎々御世話様相成居候事故、一統驚入今日者不計御見舞之推参仕候」云々とあり、出発日、参加人員について中川「手記」と異なっているが、ここでは「手記」に拠った。また、ここに引用の「馬路村両苗郷土一條之記」のこの表題には、「両苗郷土」と記されているが、内容的にみて明かに誤写と思われるので、「郷土」の「土」に（士）のルビを付しておいた。

(11) 原平三「明治維新に於ける郷士の活動」（文部省教学局編・刊『日本諸学振興委員会研究報告』第四編、一九四二年刊所収）。

(12) 人見家文書元治元年甲子六月「馬路村両苗郷土（士）一条之記」

(13) 「乍恐弓箭隊由緒申上候書付」前掲書『中川人見両姓戊辰唱義録』五六頁以下。

(14)(16) 前掲『中川人見両姓戊辰唱義録』一八〜一九頁。この投獄事件において人見軍治・人見瀧蔵の二名が獄中悶死とある。

(15) 人見家文書　元治元甲子十二月「杉浦より口上書、付リ郷士より御門跡江差上候返答書、御門跡より御返答」

(17) 中川禄左衛門手記「御一新勅使御発向日誌」中川小十郎編『丹波山国隊誌』私製本、一九二八年刊所収、二一、三二頁に、「十五日長州河内山半吾付属人見五郎、斉藤文吾外二三名相連丹後久美浜へ出張之事」、正月廿四日「長州藩河内山半吾殿宿陣へ入来万端談話有之候」とある。

両苗郷士と倒幕運動（戊辰戦争）

　薩摩藩を中心とする雄藩勢力との政治上の対立によって、公武合体＝雄藩連合政権が自解をとげ、尊攘派長州藩の京都出兵によって惹き起こされた禁門の変後、国内の政局は誠にめまぐるしい回転を遂げていった。すなわち、八月十八日の政変以来対立関係を深めていた長州、薩摩の両藩が、それぞれのニュアンスを異にするとはいえ、藩内部の改革をとおして攘夷より開国論に向い、また反幕に対する政策の基本的一致によって提携し、軍事同盟の密約などを通して、反幕勢力がとみに強化されていった。そして武力倒幕をすでに主張していた長州藩はともかく、なお政局の主導権を雄藩連合の掌中におさめることを企図していた薩摩藩が、長州処分と兵庫開港をめぐる幕府と四侯会議の対立そしてその失敗をみるに及んで挙兵倒幕に傾いていった。こうしたとき、時局の平和的解決策をもって登場した土佐藩によって公儀政体、大政奉還論が説かれ、将軍慶喜はこれを容れることによってそれが実現した〈慶応三〈一八六七〉年十月十五日）。この大政奉還は幕府にとって無条件の政権返上ではなく、反幕派の攻撃の名目を失わせ、かつ幕府勢力の維持を意図したものと考えられる。しかし、武力討幕派は薩・長を中心に着々と倒幕計画をすすめ、土佐の公儀政体論を圧して王政復古の準備が整えられて行き、遂に十二月九日王政復古が宣布されるに至った。そしてその夜の小御所会議において、公武政体派と武力討幕派の激論のすえ倒幕派の主張する慶喜の辞官納地が決定されたとき、ここに幕府封建体制は崩れ去り、明治絶対主義的新政権が生誕したのである。しかし、この新政権は倒幕派と公儀政体派の妥協になる両者の連合政権であり、両者の間に主導権をめぐる暗闘が続けられていた。すなわち、徳川氏を含む列藩会議の主張者公儀政体派と徹底的な幕府の勢力の新政権からの追放を捨てない倒幕派との主導権争いが続けられていたのである。かくして、倒幕派の仕組んだ江戸治安の攪乱、幕府への挑発に対する幕府側の挙兵によって、その後約一年の内乱、いわゆる戊辰戦争が惹き起こされたものであった。この戊辰戦争は新政権内における倒幕派の公儀政体派に対するいわば挑戦ともみることができよう。

ところで、慶応四辰年正月三日の鳥羽・伏見の戦を口火として、その後約一年にわたる内乱、いわゆる戊辰戦争が討幕派の計画に基づき惹き起こされたのであるが、この鳥羽・伏見の戦の翌月丹波・山陰方面の幕府側討伐には、周知のごとく西園寺公望が山陰道鎮撫総督に任ぜられた。この丹波・山陰方面の鎮撫は、岩倉具視が「（西郷）吉之助カ建ツル所ノ策」に基づいてこれを「籌画」したとされるものである。それは「万一伏見鳥羽ニ道ノ官軍敗ヲ取リ、賊軍勝ニ乗シテ京師ニ逼マルトキハ、聖上婦人ノ装ヲ為シ宮嬪ノ輿ニ御シ准后御方ト桂宮ト偕ニ禁門ヲ出テ給ヒ、三条中山二卿之ニ扈従シ、薩長二藩ノ兵之ヲ護衛シ、間道途ヲ山陰道ニ取リ迂回シテ芸備ノ間ニ出テ形勝ノ地ニ拠リ蹕ヲ行宮ニ駐メ、討賊ノ詔ヲ四方ニ下シ、薩長二藩ヲシテ益々兵ヲ出シテ西南諸藩ヲ徇ヘシメ」云々にみられるごとき重大な使命を担うものであった。[18] しかし、すでに三日の鳥羽・伏見の緒戦において倒幕派の完全な勝利に帰したことによって「聖上」の移動を避けられたとは言え、なお後背定かでない丹波・山陰地方の鎮撫のために、「具視カ前キニ西郷吉之助等ト籌画スル所ノ策中ノ一」として、正月四日「西園寺公望ヲ山陰鎮撫総督ト為シ、本道諸藩ノ嚮背ヲ問ハシメ緩急事ニ従ハシ」めたものであった。[19] すなわち、嚮背なお明らかでない丹波・山陰方面の鎮撫総督として、西園寺公望が薩・長の各一小隊三百余名を率い明智阪越（山城国葛野郡水尾村）より丹波国桑田郡馬路村の杉浦陣屋前に着陣したのは正月五日の夕方である。

今般御勅使西園寺公望卿
御守衛薩長両藩御出張相成候条、急速御出迎御用意可有之候事

正月五日

御守衛役所判

丹波馬路郷士惣代
人見立（龍）之進
中川武平太

これは西園寺公望が馬路村に到着するに先立ち「飛頭」によって伝えた鎮撫勢総出迎えの令達文である。[20]

この令達はすでに触れた長州藩士と河内山半吾との盟約、倒幕派と両苗郷士との間に交わされていた事前の政治的裏面工作の一端を示すものである。かくしてここに両苗郷士の山陰鎮撫への積極的な協力と活動が開始されるに至る。

　西園寺公望は丹波馬路村に着陣するや、まず丹波の人口を扼する亀山藩松平図書頭に当たるとともに、旧幕領旗本領下の村役人を招集して旧幕府制札の引揚げと官軍執事の制札の高札場への掲示、旧領主への「上貢郷蔵之米金」の封鎖を命じた[21]。いまここで各村に掲示を命じた慶応四年辰正月官軍執事の名による制札の内容を抄録すると次のようなものである[22]。すなわち、「上下貴賤共勤王之者、早速馳参り、御奉公可申候」、「徳川累代相親之有候者も、今日より悔悟、天朝之重を知り反正（省）候得ハ、既往ハ御咎不被仰付、其儘被差置候、相当之御奉公可遂候、且又、御奉公筋神妙之者ハ御恩賞可被仰下候」、しかし、「若勅ニ違候徒ハ忽追討被仰付候間、三丹闔民心得違無之様覚悟致し、只管丹心を抽て逆賊退治、王家に可勤申也」と。また別に「官軍へ加り候村々ハ当年限り、年貢半納之御沙汰可有之候、若狐疑致シ不参せしむるニ於てハ、其一村立所に御誅罰可被加候事、附り、今日之騒擾ニ乗シ百姓共相参り一揆等相企候節ハ、賊徒同様可被為誅戮候」という内容のものである。こうした制札のなかに、丹波・山陰鎮撫の目的実現のためには各村ないし一般農民の支持協力を強く要請し、しかもこれが、特に官軍に参加奉公した村々農民に対しては「御恩賞可被仰下」、「当年之処年貢半納之御沙汰可有之」となし、もし勅に従わなければ「忽追討被仰付」、「立所ニ御誅罰可被加」にみるごとく、厳しい恩賞必罰主義を伴う権力でもって上から強制し、また、農民の一揆騒擾を極度に恐れていた事情がうかがえる。丹波における一揆騒擾件数は近世を通じて二十件余を数えており、[23]このうち船井郡は延宝、宝暦、天明、万延にかけて一揆が行われ丹波における伝統的最多発地となっていて、特に万延元（一八六〇）年の六月と十一月に産物会所反対、米価騰貴による一揆がみられたものであったが、鎮撫勢は永い封建的抑圧の下におかれていた農民層の一揆のエネルギーを積極的に吸収し、新政権成立への一つの基盤にするというのではなく、却って、一揆騒擾を抑え、かつ、恩賞必罰主義の郷村治安対策をもって丹波・山陰の鎮撫を遂行していったのである。ここに一般農民と密着しない明治新政権の絶対主義的性格をうかがうことができよう。そして新政権成立の後も、農民に対する年貢半免の約束を空手形に終わらせているところに、その具体的な性格をみることができる。

ところで、こうした西園寺公望を総督とする鎮撫勢に馬路両苗郷士がどのように関わり役割を演じたかについて、次にみておかなければならない。

すでに触れたごとく、予定の行動として西園寺が丹波国馬路村に着陣した正月五日より、鎮撫勢のとった郷村治安対策、直接的な軍役奉仕ならびに義兵募集などに対して、両苗郷士は積極的な協力と活動を開始するに至る。

まず、西園寺公望が入丹するや官軍執事の名において「金穀旧領主ノ分不残郷蔵封附」を村役人に命じたものであったが、この旧領主に納めるべき貢租の封鎖、接収を行うにあたって、これは「薩長ノ可従指揮ニ」とされていた。[24]ただし、

馬路郷士両苗中

桑田船井両郡元徳川領旗本領農民鎮撫米金取締等之儀被申付候事
但、薩長藩手付候郷村之分除之
正月　　　　　　　　　　　　　　　　　　　　官軍執事　印

の令達から知られるように[25]、すでに薩摩・長州の指揮に入っている郷村は除き、丹波における桑田・船井両郡の旧幕府、旗本領の農民鎮撫と米金の取締を馬路両苗郷士に命じたものである。前者の「農民鎮撫」は、先の官軍制札の一揆厳禁に関連するものであり、丹波における伝統的な一揆の最多発地船井郡が、両苗郷士の治安対策地域に課せられている点に注目される。

　両苗郷士のこうした桑田・船井両郡における郷村治安対策、金穀取締りへの協力に加えていまひとつ両苗郷士に課せられた重要な役割は、鎮撫勢の戦列に加わり直接幕府側討伐に参加することにあった。当時の京都における倒幕軍の戦力は、『岩倉公実記』によると「在京諸藩ノ中倚頼スヘキモノハ惟薩長二藩アルノミ、而ルニ二藩ノ見兵寡少ニシテ必勝ヲ期シ難シ」とされ、そのため「奇計ヲ用ヰテ以テ賊軍ヲ困披セシムルニ如カス」として西郷隆盛、大久保利通、広沢直臣らと共に「防戦の計ヲ議」したものであって[26]、その内容はすでに触れた西郷の建策の基本的採用であり、また義兵募集にあったと考えられる。ここにおいて、山陰鎮撫を遂行していくにあたり地の利を占め、また郷村にあって在地勢力を有し、さらには勤王倒幕的性格をもつ馬路両苗郷士の戦列組入れが、河内山半吾を通じて計画されていたことは当然予想《江》される。そしてこれは両苗側の「志願」と相まって実現したものであった。義兵募集はただひとり両苗郷士に対してのみでなく、正月四日西園寺公が鎮撫総督に任命された即日、山国郷士らに対して「勤王有志之輩は各武具得物相携へ速に官軍に可馳加事」の檄文を飛ばしている。[27] 馬路両苗郷士は「多年之赤心一朝に果すも今日と存込み」という意気込みをみせ、[28] 山国郷士は「古来王臣ヲ以テ自ヲ負フ山国郷士蹶起兵勇ヲ団結シ以テ勤王の実ヲ挙ケン」として十二日鎮撫勢に参加した。[29] さらには、すでに周知されている丹波弓箭隊の叫合も行われたが、[30] これは人見龍之進、中川禄左衛門らの両苗郷士の建言に基づくものであって、西園寺公の馬路着陣の当日「従往古国風弓箭組郷士備立粗建言仕」ったとある。[31] この丹波弓箭組の叫合は、「篠山口追々騒動に及び幕府之賊徒数多摂州辺より福住への間道を脱け来る由」との緊迫した状勢下において万一「篠山口打払ひの時は、人数不足に付」彼等に命ぜられたものである。この叫合によって丹波一円より参集した弓箭隊士は二百余名に達したとされている。[32]

丹波弓箭組勤王之者篠山口御発行に付急に人数入用候間支度調次第明日明後日之内御本営に駆付可申候事

慶応四年正月九日　　　　官軍執事　印

馬路村両苗惣代

人見龍之進

中川禄左衛門

これは弓箭隊叫合の令書であるが、[33] かくして人見龍之進、中川禄左衛門は両苗郷士惣代として両苗郷士七十余名の指揮統制にあたるとともに、弓箭隊の取締惣代として鎮撫勢の帷幕に参画、鎮撫遂行の一翼を担ったものであった。両苗郷士七十余名のうち直接鎮撫勢に加わった者は約二十五名であり、他の郷士は桑田・船井両郡の郷村治安対策に奔走したものである。そして前者の鎮撫勢傘下に馬路における「中間八十三家」のある者も両苗郷士と共に加わったものであった。前編に既述したごとく彼等はかつては両苗一族それぞれの「家来」として存在したが、宝暦頃より漸次家来筋、出入として経済的に独立化を遂げていった百姓たちである。[34]

このようにして、両苗郷士は直接鎮撫勢に参加するとともに、弓箭隊叫合にみられる義兵募集に指導的役割を演じつつ、鎮撫遂行に協力して行ったものである。しかし、篠山口の緊急事態も回避、諸藩恭順の大勢の下に、山国隊は正月十六日帰郷、その後京都禁裏守衛と東征従軍を命ぜられ、また弓箭隊一部の五十名と共に「錦旗守護」としてそのまま丹波より丹後、但馬、因幡、伯耆、出雲を歴巡し兵庫、大阪の行程を経て三月二十八日の京都帰還に至る約八十日間、西園寺公に随行したものであった。なお、西園寺公望が山陰鎮撫を終え東山道第二軍総督に任ぜられるや両苗郷士は再び北越・奥羽征討にも参加したことが「中川百助手記」によって明らかにされる。[35]

以上のごとく、馬路両苗郷士は桑田・船井両郡郷村治安対策に、そしてまた諸藩の鎮撫行動への直接参加と義兵募集などに指導的役割を演じて、手兵僅か三百余名率いる西園寺公望の丹波・山陰鎮撫に積極的な協力を示したことを明らかにしてきたが、このような両苗郷士の果たした役割に対して、彼等は西園寺公よりいくつかの褒賞を与えられたものである。[36] 元杉浦陣屋敷地建物、軍器十挺の授与、特に、「今年上貢米一年限被免候事」（辰四月）に見るごとく、貢租米の一年限り免除の恩典に与ったものである。だが、明治新政権の基礎未だ固まらず、「百事草創」の時期であったとはいえ、他はともかくも、上貢米免除の恩典に関しては遂にその実現をみずに終わっている。

註

（18）（19）多門好問編『岩倉公実記』中巻、岩倉公旧蹟保存会、一九二九年、二三〇、二三五頁。なお、当著に「五日公望薩摩長州二藩ノ兵各一小隊ヲ率イ京都ヲ発ス、間道ニ由リ山城国葛野郡水尾村ヲ経テ丹波国桑田郡馬路村ニ至ル、乃チ郷士人見龍之進中川武平太ヲ招諭シ、人見中川二族ヲシテ本営ヲ弁備セシメ陣ヲ此ニ駐ム」云々とある。

（20）（21）（22）中川禄左衛門手記「御一新勅使御発向日誌」（前掲『丹波山国隊誌』）所収三、六〜八頁。

（23）「百姓一揆年表」（黒正巌著『百姓一揆の研究　続編』思文閣、一九七一年所収）。

（24）「西園寺家記（山陰之役）」（前掲『丹波山国隊誌』）所収一六一頁。

（25）前掲『中川人見両姓戊辰唱義録』三九〜四〇頁。

（26）多門好問編『岩倉公実記』中巻、二三〇頁。

（27）（29）前掲『丹波山国隊誌』二二四頁。

（28）（31）（32）（33）中川禄左衛門手記「御一新勅旨御發向日誌」（前掲『丹波山国隊誌』）五、一〇〜一三、六七〜六八頁。

（30）弓箭隊に関しては関順也「丹波の郷士仲間『弓者連中』について」『社会経済史学』第十九巻第二・三号参照。

（34）前掲中川禄左衛門手記「御一新勅使御発向日誌」三月朔日の箇所に「中間中沢熊吉召連参り候」とあり、別の断片記事に「正月十九日、馬路村八十人惣代として太兵衛夜戌刻——到着す」とある。

（35）この点について、中川百助手記「奥羽征討越後口の役日誌」中川小十郎編「丹波山国隊誌」所収に詳しい。この奥羽征討には両苗郷士十八人、約百九十日間従軍した。

（36）褒賞の事例を挙げれば次のとおりである。中川小十郎編著『中川人見両姓戊辰唱義録』四五～四七頁。

山陰道出張の節早速馳付勤王を励み候段奇特の儀に付為其賞軍器十挺遣候、猶精々忠勤相励者也

慶応四年三月　　鎮撫使　藤原公望花印

馬路両苗惣代　中川禄佐衛門殿

山陰道鎮撫使出馬の節神（迅）速馳付御奉公相励候段不堪感激候旁以て元杉浦陣屋敷地建物等授与候事

辰四月　　官軍執事

人見中川両姓中へ

山陰道へ鎮撫使出馬の節神妙馳付御奉公相励み候段不堪感激候、且其砌一同失費も不少旁以て今年上貢米一度限被免候事

辰四月　　公望（判）

人見中川郷士中

おわりに

以上の叙述で明らかなことではあるが、問題点を要約してあとがきに代えておこう。

嘉永六（一八五三）年ペリー来航を契機として攘夷論が沸騰してきたが、幕府自身も強い攘夷論者であったにもかかわらず遂に開港を断行した。しかし、ペリー来航のその当時、農民の負担加重、農業の怠慢、身分的秩序の崩壊、特に農民の武装反抗などを恐れていた幕府が、攘夷のための農兵設置に極めて消極的態度をとったとされている一般的見解に対して、幕府が譜代の旗本を通じて農兵設置を実践していた事実を指摘すると同時に、安政元（一八五四）年、同二年および文久三年の三回にわたり遙か丹波の地より江戸出府を行った馬路両苗郷士は、ただ旗本杉浦氏の命令によるものでなく、少なくとも尊王攘夷の思想的基盤の上に立つ彼等の積極的な「兵賦御奉公」として、これが行われたものと考えられる点をまず明らかにした。これは文久三（一八六三）年にかけての両苗郷士の攘夷運動の展開である。

続いては、万延頃から始められ禁門の変（元治元年）に至る両苗郷士の禁裏守衛運動の展開と、禁門の変に参加の実態を明らかになし、さらに、管見史料によりやや具体性を欠くが、元治元（一八六四）年より慶応四（一八六八）年に至るこの間の尊王倒幕志士と両苗郷士との連繋、両苗の倒幕運動の展開、特に戊辰戦争（山陰の役）における鎮撫への直接参加や郷村治安対策に彼等の演じた指導的役割についても明らかにしたところである。このような馬路両苗郷士の尊王攘夷、禁裏守衛および倒幕への政治的運動の展開過程は、尊王攘夷から倒幕運動へと展開を遂げていった志士たちのそれとほぼ対応するものであろう。

ところで、次に両苗の倒幕運動の中で触れた明治維新担い手としての「同盟論」、あるいは明治新政権の性格につき、丹波、山陰鎮撫の場合を通じて少しく触れておき、もってこの編の最後としたい。

明治維新の担い手、つまり倒幕運動の主体勢力を考える場合、志士ないし浪士と郷士、豪農商層との同盟関係を抜きにしてこれを語ることはできない。独り下級武士によって倒幕＝明治維新が遂行されたとみる、いわゆる「下級武士論」は許されないことはいうまでもない。このことは本文にみた両苗郷士と長州藩浪士との連繋においても明らかにされるところであろう。まさに倒幕運動、明治維新の変革はこうした同盟関係において遂行されていったものである。

しかし、このような「同盟論」に、さらに広く一般農民を含めた同盟関係を考え、広汎にして積極的な一般農民の協力支持のもとに、倒幕運動実現の可能性を見出そうとする見解には、本文の丹波・山陰鎮撫にみる限り、少なくともその妥当性を欠くものと思える。このことは、恩賞必罰主義に基づく上からの強力な権力でもって、一般農民に対し鎮撫への協力支持を強制して行った点からもうかがいうるところであろうが、両苗郷士惣代の建策による丹波弓箭隊士叫合において、丹波各地より集まった二百余名の弓箭組の面々は、由緒連綿を誇る地侍＝郷士、あるいは有力農民層によって構成されていた「弓者連中」の者たちであって、広く一般の農民ではなかった。もちろん馬路村百姓の若干の参加が認められるが、これは「中間八十三家」の者たちであり、彼等は両苗の家来筋、出入としての特殊な関係をもつものであったことから、普通の一般農民と同列に扱うことはできない。

以上のようにみてくるとき、丹波・山陰鎮撫は郷士、有力農民層との同盟で遂行されていったが、広汎にして積極的な一般農民の協力支持が存在したとみることはできない。しかし、そうかといって、一般農民の鎮撫勢に対する行動があくまで非協力的であったとみるのではなく、永い封建的抑圧のもとに置かれていた彼等にとっては、新政権生誕への淡い希望と期待を寄せる以上に出なかったのがその実態ではなかったか、と推察されるのである。このようにみれば、累説するまでもないが、丹波・山陰鎮撫にあっては、郷村の有力な郷士層の利用において、むしろ一般農民に対して恩賞必罰主義のもとに農民の一揆騒擾を恐れ抑圧するという方向をとったものであり、これに指導・連繫をもったものではなかった。したがって、明治維新は下からの農民運動を抑え、強権をもって上からの改革を行うという絶対主義的性格を備えていたものといえるであろう。

史料　人見家文書

凡例

一、当人見家文書は、当著に関係した文書を年代順に収録した
一、旧漢字は、原則として常用漢字に改めた
一、不明の文字は、その字数を□で示し、右側に（不明）のルビを付した
一、誤字・脱字と思われる箇所には、正字のルビを付した
一、「江（え）」、「者（は）」「茂（も）」「ニ而（にて）」「而（て）」「而已（のみ）」はそのまま示した
一、異体字・略体字は（　）内のように改めた
　例「ゟ（より）」「ゅ（候）」「斗（計）」「叓（事）」「扣（控）」
一、同志社大学人文科学研究所紀要第四号（昭和三十五年）所収の「丹波国南桑田郡馬路村両苗文書」に当著に掲載の人見家文書と重なる文書が翻刻されている。当文書のうち若干の脱文・脱字などがみられ訂正しておいた

人見家文書◉目次

九、文政三年八月「申渡書写」（帯刀人心得之事）

十、文久三年三月　人見権八郎「日記」

十一、文久三年四月　人見権八郎「江戸在府中幷道中記」（出立之事、加名川宿之事、在府中之事、調練之事、異船到来之事、出火之事、その他）

十二、元治元年五月　人見中川「由緒書」

十三、元治元年六月「馬路村両苗郷士（士）一条之記」

十四、元治元年十二月中「東御奉行小栗下総守殿、於御役所ニ御尋差縺返答手続書」（寛永元年十月十八日覚、寛永二年二月二日五味金右衛門尉様――開発被仰付候御許状之写、新田御請状之事、萬治三年子三月十三日定、十二月覚、ケ条返答覚、御返答、口上覚、一札覚）

十五、元治元年十二月「杉浦より口上書　付り郷士より御門跡江差上候返答書、御門跡より御返答」

一、宝暦二壬申年十二月　丹州桑田郡馬路村郷士人見団右衛門相願候ニ付、被仰渡候書付写、人見完治控

（表紙）
「宝暦二壬申年十二月
丹州桑田郡馬路村郷士人見団右衛門相
願候ニ付、被　仰渡候書付写
人見完治控」

馬路村郷士筋目之者共由緒聞糺、知行所用事ニ召仕候付帯刀差免候処、次男株之者共差別者有之候得共、一統出席神事等之節帯刀為仕度旨、今度人見団右衛門相願候趣聞届、帯刀　御免有之者也

宝暦二壬申年十二月　小豊左衛門　印
林　善　太　夫　印
矢次郎右衛門　印

馬路村
郷士

覚

一馬路村郷士筋目之訳中絶之処、人見団右衛門分明申上相願候ニ付帯刀被免、其後村静謐ニ相治り御普請場所御入用等出情（精）之事とも神妙ニ候、猶又油断不仕御為第一ニ相働候様可仕事

一郷士由緒無紛同株ニ候得共、次男株之者共出席其所ニより不相交儀茂有之、其儀心外ニ存勝手宜者共者百姓株を相離他所住居仕候付、自然と郷士人数減少、依之此度郷士一統相願候者、次男之株者共夫々差別者可仕候得共、一統出席神事等之節帯刀御免被成下度旨、願之趣人見団右衛門相願候ニ付、是又　御免被　仰出候、然ル上者郷士平日之心得第一候、万一郷士ニ不似合不届有之候節者、其訳急度相糺帯刀取上候間、其旨承知可仕事

一御代々年始御祝儀申上候ニ付　御代替り御家督為恐悦　御目見相願候趣申上　御許容候条農業差障ニ不相成時節勝手次第可罷出候事

一郷士之内御用ニ茂相立可申者時節ニより被召仕候事茂可有之候、其節者罷出可相勤候、尤手替無之其外無拠申立有之候ハヽ、其所御聞糺之上御用捨茂可被下候事

一御知行所御百姓之内厄介多渡世成り兼候処平日実体之様子ニ候者申合、其村方離不申候様憐愍之取計可仕事

右書面之趣年番之者江乍少分御米被下置、御知行所御用茂順番相勤一統御家来之　思召ニ候間、不行義無之様、勿論御為第一ニ相心得何連茂申合出情(精)可仕、必心得違無之様可仕候、万一違却出来申候者、郷士之内者善悪之不及沙汰、永々名字帯刀取離し、争論之理非追而相糺可申候、此心得を以平日相慎可申候、以上

宝暦二壬申年十二月　田村幸右衛門　印

大八木甚五兵衛　印

吉見伴右衛門　印

小野田治平　印

紫橋吉左衛門　印

半谷源五右衛門　印

小豊左衛門　印

林善大夫　印

矢次郎右衛門　印

馬路村

郷士

二、宝暦十二年四月　申渡　馬路村池尻村郷士之者共へ

申渡

馬路村

池尻村

郷士之者共へ

右之者去秋中御用之筋ニ付三ヶ所御知行一統之所、其方共儀者兼而郷士帯刀蒙　免許御家来も同前之儀、

江戸表ニ而も百姓一統と八乍申格段ニ　思召候事ニ候、依之御用向別段之御書付を以被　仰渡候処、右御請之儀有無共一向不申上不敬等閑之致方、右帯刀を茂仕候身柄をも不相弁候仕方不審ニ付、猶又書付を以銘々存寄相尋候処、其否も相不答趣此方より相尋候ニ付而只心得違と而已申之、甚事軽存候体重々不埒之至、旁以其訳相糺窺候上、急度可被　仰付と一通り叱り差置候処、然ルニ右之役江戸表御沙汰ニ相成候而は甚難儀之旨何卒不調法誤候段、直八完治方迄及両度相願候ニ付、直八完治より此儀先預り置度申之候ニ付、右為取初郷士帯刀　御免之儀者第一村方取治之ため、其上不依何事　御地頭御用向可相勉趣相願候ニ付、右之趣を以被　仰付被置候事ニ候、此等之趣年を経末々ニ至候而者右之訳も存間敷と、此度一統承知之ため申聞置候、惣而不依何事被　仰出候儀を否之返答も不申上打捨置程を経、此方より返答不埒之趣如何と相尋候ニ付、心得違と申シ事相済候哉、何分急度御糺之上如何様共可被　仰付処、当春ニ至先非を悔不調法之段猶更誤御詫願申出候旨、此度之儀幾重ニも　御免被下度と直八完治より達而願申越候ニ付、右両人願之趣難黙と思召何角之御糺茂無之、此度ハ其儘ニ　御免被　仰付候間難有可奉存候、然ル上者向後村方取治候儀者第一之儀村方一統と者乍申其方共儀は別而神妙ニ取計、諸事騒働(動)無之様取鎮可申、勿論不依何事御用之節者別而出精仕、御差支と不相成候様相心懸、御奉公筋大切ニ可相勤候、以来右体御用向不敬等閑之仕方於有之ハ其訳御糺急度可被　仰付候間、其旨一統篤と承知仕厳重ニ相慎可申事

午閏四月

右被　仰候趣一統承知奉畏候、私共心得違之儀無御糺明御免被成下候段一同難有仕合奉存候、然ル上ハ村方之儀随分朝暮心懸騒働(動)不仕候様取治、御用之節者別而出精仕、御差支無御座候様、御奉公筋第一ニ相勉可申候、重而右体心得違不敬等閑之仕方御座候者如何様共可被　仰付候、仍御請連判奉差上候、以上

宝暦十二午年閏四月

三、宝暦十三年十月　馬路村郷士人数連判帳写（誓文、郷士中示合之事）

（表紙）
「宝暦十三癸未年十月
馬路村郷士人数連判帳写」

誓文

一郷士之内者此以後互ニ無疎忽様随分可申合候、若心得違ニ而不顧一統相続之儀を都而一己之立身利欲を心懸間敷事

右之趣於違背者可蒙
伊勢八幡祇園愛宕殊産砂、惣而日本大小之神祇之御罰者也

宝暦十三癸未年十月　連判
名前左之通
同　断

郷士中示合之事

一延享年中従　御地頭様被　仰出候趣、是迄者心得違等茂有之候得共、向後ハ急度相慎村方騒動ケ間敷儀有之候共、郷士之内ハ万事不相拘、静謐ニ候様可申合候事

一御知行所御用等在之候節ハ、年番之者可為出勤候事

一此度始而江戸表出勤之儀被　仰出忝一統承知仕候、然ル上者年々交代相勤可申候事

一惣代年番者有心得人順番ニ而相勤候事

一致帯刀候ニ付奢りかましき儀無之様ニ心得、随分倹約第一ニいたし、農業無懈怠相勤可申候事

一郷士不相応之格別賤キ馬奴、或辻売、或桶屋、畳屋、左官、大工、紺屋之類ハ堅致間敷候事

一寄合衆者、中老之内ニ而村役人を除キ、筆算等之修練茂有之実底之人七人、地方功者両人、坊人壱人宛撰之、年高順番ニ而可相勤事

一諸評儀者寄合衆相談之上、六老衆江も申達取計ひ可有候、若右人数ニ而難相済儀者、其余五七人茂相招評儀決定可在候事

一御印物幷古証等者寄合衆之内年番預り、但鍵者両〆ニして両家大老之預り可為候事

一勘定之儀者、寄合衆立会ニ而いたし、其趣六老衆江茂申達し可申候、賄方八年番ニ而可相勤候事

右之条々急度相守可申、依而連印如左

宝暦十三癸未年十月

人見利兵衛　人見彦左衛門
中川彦八　人見怡碩
人見平太　人見孫八

中川禄左衛門　人見右京
人見養悦　人見貞右衛門
人見小三郎　中川元徳
人見治部助　中川作兵衛
中川三左衛門　中川与市
人見東仙　中川玄隆
人見政助　中川与三兵衛
人見玄栄　中川源七
中川弁秀　中川儀左衛門
中川林　人見浅右衛門
人見宇右衛門　人見伊平
人見伊八　中川小藤太
中川昌桂　人見源右衛門
中川集助　中川平右衛門
中川忠蔵　人見松元
人見五平次　人見重三郎
人見利左衛門　人見平吉

連判人数如右

寄会衆之定

中川禄左衛門　　中川与市
中川与三兵衛　　人見政助
中川弁秀　　中川儀左衛門
人見平太
地方功者
人見平太
人見孫八
坊人　人見怡碩

四、明和三年正月　乍恐口上書（尋書、御尋ニ付口上書）

乍恐口上書

此度　御用金被仰付、甚以難儀之段御願申上候得共、厳重ニ　被　仰渡候ニ付村方一統無拠御請申上候、然ル処郷士之者共迚茂此度ハ御大切之御時節柄候間、別段ニ出情（精）仕候而差上候様被仰渡候得共、困窮之者共甚以難渋仕候段御歎キ申上候得共、何分郷士之規模相立不申候而ハ相済不申候間、如何様共致勘弁調達可仕旨数度無拠趣被仰渡候得共、何を以調達可仕手立無御座甚恐入罷在候内、日数相延不埒之段々（ママ）御呵被成下、右ニ付乍少分金弐拾両者工面可仕候得共、段々手を詰候上之儀、此金之処ハ出来不仕候段再応御断申上候得共、是以御聞届無御座又々被召出、五拾両者是非共御用達可申旨厳敷被　仰渡候故、乍難儀五拾両都合御請申上御済メ被下候処、又々旧冬押詰候而被召出、今五拾両相増候様被仰聞、甚以当惑仕候、前段申上候通難渋之働仕候処、何分出方無御座候ニ付、此段御断申上、最初御請仕候金高五拾両漸大晦日迄ニ相納メ申候仕合ニ御座候、然ル処此度又々被召出被仰渡候御儀甚奉驚候、最早此と術計無御座候間、御慈悲之上幾重ニも御捨免被成下候様奉願上候、以上

明和三戌年正月

中川儀左衛門　印
人見清治　印
中川玄隆　印
中川与三兵衛　印
中川林　印
中川小藤太　印

御役人中様

尋書

一いつれも帯刀相願候儀、如何相心得相願候哉

　此儀

一帯刀いたし候訳如何之儀ニ候哉

　此儀

一いつれも帯刀之ものハ、銘々不相願可致帯刀訳ニ而致帯刀候間、御地頭之儀者相背候而も不苦儀と相心得候哉

　此儀

一相願致帯刀在之候得共、御上之御難儀を存面々より相願、此度御用成丈ケ致出情（精）、従　御上不被仰付儀を此方より相願御用相勤候跡ハ帯刀相願候訳合も相定候間、自分共表向ニ而急度申渡筋も無之、完治相心得弐百両者致調達可然旨申訳候、依之員数ハ不申達候間、帯刀之ものより何ほと出金仕度段申罷出候儀被取申計候ハヽ、帯刀之者共分合も相立、格別之勤ニも可被成候間為心得申談候儀ハ如何相心得候哉

　此儀

一前段之儀ニ付完治委細申聞、郷士帯刀之もの共より相願候而も此度之儀出情（精）も候ハヽ、帯刀致候訳も相立候間、其趣を以取計可被申渡旨完治へ申訳候処、左様之趣完治不申聞、一通リ一同御用金之被仰付候間、弐百両調達いたし候様申渡シ候由、右郷士之訳合相立候様自分共心得ニ而申候儀を弥不申訳相違無之候哉、如何由答被承度候

　此儀

一右五ヶ条之趣、林・清治・与三兵衛・玄隆・小藤太・儀左衛門江致答書差出し候様申渡シ候処、残り之もの共存寄も承候ハねハ答わ難致旨申聞候、右ニ付右六人之もの共之存より答書いたし候様申渡シ候処、一向答之儀不調法の者故相分り候様答も難致、御面（免）相願候、右分ハ何茂此度之御用是非

〱相勤間敷候故左様申儀ニ候哉、面々身分之儀一向相分リ御答もいたし難キ段不得其意候、右御用相勤間敷存寄ニ而申候儀ニ候間、此儀答可申聞候

此儀

右六ヶ条之趣一々答可申聞候

御尋ニ付口上書

一別紙六ヶ条之趣、御答難仕段申上在処江罷帰り不残申談、口上書御答可申上と奉存候段申上候処、右六ヶ条之趣面々身分之儀不調法もの故答難申聞段相願候事ニ候へ者、此上無御心元思召候ニハ万一罷帰リ候而申訳候節、郷士仲間貧窮之者共在之と右相願、帯刀相止メ申度申出候而者騒動ニ罷成候、右様之騒動を為催此度ニ不限、御用之障ニ致候様六人之もの共可取計心底ニ而者無御座候哉、左候ハヽ、其段書付印形仕差上ケ候様被仰渡奉承知候、私共毛頭村方騒動為致候（所脱カ）存甚無御座候、依之書付奉差上候、以上

中川儀左衛門　印

明和三戊年正月廿八日　人見清治　印

中川与三兵衛　印

中川林　印

中川小藤太　印

林善蔵様

一此度帯刀仲間御用金之儀ニ付、私共六人上京仕候、書付を以申上候処、否難有分リニ付御尋書被仰付候得共、早速否不申上候故善蔵様明日御出立御延引、私共之内江戸表へ可被召連之旨被　仰渡、此儀甚以恐入難渋仕候ニ付、御手前様方御預り被下、上而帰在候上否申上候上江戸表へ被仰上可被下候、依之御連下之儀御用捨被成下難有仕合奉存候、然ル上ハ随分仲間之者共申談候上、如何様とも筋立候様御答書差上可申、尚其上筋合相分り不申候ハヽ、其上ハ出府之儀仰渡候へ共、毛頭違背仕間敷候条、依一札奉差上候、以上

明和三戊年正月

中川林　印

中川小藤太　印

人見清治　印

中川与三衛門　印
中川儀三衛門　印
中　川　玄　隆　印
広瀬直八郎様
安（藤）同長右衛門様

五、明和七年より帯刀仲間申合幷諸書物写（申合之事、帯刀人席順、定、同年六月帯刀相止メ度旨奉願候願書之写、同年十月差上申一札之事）

（表紙）
「明和七寅年より
帯刀仲間申合幷
諸書物写
九人」

申合之事

一馬路村人見・中川之内帯刀仕候者共之儀者、延享元年子人見団右衛門　御地頭様江申立、拾三人之銘々名字帯刀蒙　御免、則拾三人江一紙之御免状頂戴仕、幷右　御免許被成下候趣之　御直御判之御墨付団右衛門一名宛之御免状被下置候処、又々願ニよつて寛延弐巳年六人之者共同断之　御免状被下置候事ニ相成候、然ル所次男株と申立候者共、又候願ニよつて弐拾四人之者神事帯刀之御免状被下置、年始暑寒之節御家老衆迄御機嫌相伺幷御役人中御銘々江書中を以御安否等承之、大地之産物等も差上来候之処、其後御差図を以右差上物幷呈札も相止ミ、年始暑寒共帯刀仲間惣代を以、京都御役人衆迄申上、明和三年之頃迄相勤来候処、右帯刀之銘々も段々困窮ニ相成、最早帯刀可仕身元ニも無之段を申立、帯刀相止度一統御願書差出候所御聞済不被成下、明和七寅年惣中相対之上ニ而右仲間之内相残帯刀可仕者共人数九人相拵、其趣を以段々御歎御願申上候処御聞済被成下、右九人相残帯刀仕度条、残三拾三人帯刀相止度条、右両様共願之通被　仰付、是迄被下置候御免状不残差上、右九人江者御書替之銘々御免状被下置候、但右之九人之内人見小七義者、先達而之御免状次男

株神事帯刀之訳を以、此度非常帯刀之　御免状被
下置候事
但先年一統帯刀仕候而、年始暑寒相窺候砌者惣
中ニ而両人年番と相定取計候事、且右年番江者
中頃迄四人御扶持被下候事ニ有之候
一右先達而之御免状奉返上候之内、団右衛門江被下
候一紙御免状者、此已後も仲間物として相残シ候
様被仰付候ニ付不奉返上、時之上席之者預り居候
事
右之趣ニ付、当時相残帯刀仕候九人之者共今般集会
之上万端申合候ニ付、前条之荒増相認置く也

帯刀人席順

中川小藤太
中川玄隆
中川儀左衛門
人見佐五郎
中川貞蔵
人見団治
人見弁之助
人見与吉

非常帯刀

人見小七

右席順之儀者以後共年輩を以相定可申事
但当時玄隆義は医道を以勝手ニ付御窺申上候上、
席順右之通ニ有之候事

定

一年始暑寒幷臨時恐悦等之儀ハ、其時之上席之者よ
り承合、上京人等相談之上取計可申候事
一寄合等有之砌者、刻限無相違集会可有之候
但無拠用事等有之候ハヽ、先出席之上右之断申立
退可申候事
一諸書附等其時之上席之者預リ置可申事

一寄合宿之儀者帯刀人数順番ニ相勤可申候、是又上席より順ニ差図可有之、寄合ニ付入用等者相互ニ懸不申候間、随分造作有之間鋪事

一年始暑寒臨時恐悦、其外御迎等之相定リ候勤方入用仲間持合可申事、其外之儀其品ニ寄入用等取計可申事

帯刀相止メ度旨奉願候願書之写

乍恐奉願口上書

一私共儀以前より帯刀蒙　御免許候段、冥加至極難有奉存候、然ル所近年段々及困窮、当時ニ而者中々帯刀可仕身元ニ無御座候ニ付奉恐入候得共、已後帯刀相止メ候儀奉願上候、勿論相残候者共之儀茂同様ニ困窮之儀ニ御座候得共、此度一統帯刀相止メ候義御願奉申上候儀千万歎敷奉存候ニ付、惣中相対之上相残罷在候義御座候間、右之者共ハ何卒是迄之通帯刀被為　仰付被下候様ニ奉願候、右之趣御慈悲之上被為　聞召訳願之通被為　仰付被為下候ハヽ、難有奉存候、以上

明和七年寅六月

人見孫八
中川喜八
人見治部助
中川禄左衛門
人見怡碩
中川元徳
人見善悦
人見東仙
中川作兵衛
人見八郎右衛門
中川与市
中川三左衛門
中川与三兵衛
人見浅右衛門
人見藤九郎
人見宇右衛門
人見伴水
人見松元
中川定次良

中川平右衛門
中　川　弁　蔵

御役人中様

前書之通一同相談之上、私共同様奉願候、以上

中　川　貞　蔵
人見弁之助
中　川　忠　蔵
中川彦右衛門
人　見　紋　弥
人見重三郎
人　見　平　太
人見利左衛門
人　見　平　吉
人見五平治
人見庄五郎
人見長兵衛
中川小藤太
中川儀左衛門
人見佐五良

中　川　玄　隆
人　見　与　吉
人　見　団　治
人　見　小　七

右之通御願申上候処、御聞添被成下被　仰渡候書付左之通

差上申一札之事

一私共儀延享（元脱）子年・寛延二巳年・宝暦二申年帯刀蒙御免候処、近年段々困窮仕、当時ニ而帯刀可仕身元ニ無御座候間奉恐入候得共、以後帯刀相止候様奉願候処、御聞済被成下達　御聞、以後帯刀相止候様被　仰付難有仕合奉存候、依之先達而御渡被成下候御免許状此度奉返上候、依之一統御請印一札差上申所、仍如件

明和七寅年十月

差上申一札之事

一私共儀延享元子年・寛延弐巳年・宝暦弐申年帯刀

御免被仰付候処、此度外三拾弐人之者共近年段々困究(窮)仕、当時ニ而者帯刀可仕身元ニ無之奉恐入候得共、以後帯刀相止候儀奉願、私共儀者相残帯刀仕度旨一統相談之上連印書付を以奉願候処御聞済被成下、右三拾弐人之者共儀者願之通以後帯刀相止候様被　仰付、私共儀者是迄之通帯刀可仕旨、猶又蒙　御免許銘々御免状頂戴仕冥加至極難有仕合奉存候、依之左之通被　仰渡候事

一私共儀相残帯刀被　仰付候儀ニ御座候得者、敬御上を何事不寄、御為之儀者勿論村方随分静謐相治リ候様取計仲間申合、平日身持不行跡無之様第一ニ相慎、をこりケ間敷儀決而仕間敷候事

一非常帯刀之者儀者勿論、其外帯刀之者共公事出入願筋等ニ而　御奉行所書并　御地頭様御役所へ罷出候砌者帯刀仕間敷事

一村内外百姓共出会之砌御威光を持、かさつケ間敷義決而仕間敷候、尤帯刀之者共当時村役相勤罷在候者義者、格別　御地頭様御用向并村用共村役人相談之上取計事済候義を不表立、内々外百姓共何之訳も不存者腰押いたし為致故障候か、又ハ御法度之強訴徒党いたし連印等取集要(悪カ)敷事を企候者も有之候ハヽ、仲間申合早速御注進可申上候、御吟味之上帯刀御取上、其品ニ寄重御咎も可被仰付候、惣而　御地頭様御用向村用共其時々之村役人江取計候へハ相済候事ニ候間、差定候願筋向等ハ何事によらす村役人之意ニ可任候事

　但頭百姓不立会候而難仕用事ハ格別之事

一私共内他国者勿論遠方江他行等仕候ハヽ、前後共御届可申上候、尤名前等相改候ハヽ、書付を以相伺御差図を請可申候、其外縁組等之儀百姓町家より取遣仕候義者、格別御武家方縁組等仕候義ハ相伺、是又御差図を可請候事

一帯刀之儀此度御免許状被下候九人之外、決而帯刀仕間敷候、且又親隠居仕忰江家督相譲忰帯刀仕候ハヽ、其砌御届可申上候事

右被仰渡候趣、逐一承知仕奉畏候、依之一統御請連印一札差上申所、仍如件

明和七寅年十月

人見団治
人見小七
人見与吉
中川玄隆
人見佐五郎
中川儀左衛門
中川小藤太
人見弁之助
中川貞蔵

六、安永四年四月　人見中川一族定

人見
中川
一族定

一各々随分之作業を相励、猶又文筆を相嗜、行義正直にいたすへき事

一平百姓と致縁組、或者諸講を結集会交親をいたす間敷事

一都而古規に准し、万端紛乱無之様可得相心候、不寄何事新儀私之筋有之間敷事

右条々宜相守之、殊更養子嫁娶不埒之縁組有之候得者、子孫迄之瑕きんに相成候間、急度其由緒を聞糺分限相応之取組をいたすへく候、万一非分之縁組有之候ハヽ、本人わ勿論其親類幷媒介人等も姓氏を削、平百姓同様たるへく候条、仍両姓中制書如件

安永四未年五月六日

右大伊勢講出席所ニ張置候書付写之

七、文化六年　郷士中示合書附（郷士中示合之事、誓約文）

（表紙）
「文化六年
郷士中示合書附」

郷士中示合之事

一延享年中従　御地頭様被　仰出候趣、是迄者心得違等も有之候得共、向後急度相慎村方騒動ケ間敷儀有之候共、郷士之内者万事ニ不相拘、静謐ニ候様可申合候事
一御知行所御用等有之候節者、年番之者可為出勤事
一今度始而江戸出勤之儀被　仰出置一同承知仕候、然上者年々重代相勤可申事
　但し、此度者何とも御沙汰無御座候、万一臨時之御沙汰在之候ハヽ、ケ様と申事究置可然事
一惣代年番者心得有人順番相勤可申事
一致帯刀候ニ付奢ケ間敷儀無之様相心得、随分倹約第一ニいたし、農業無懈怠相務可申事
一郷士不相応ニ格別賤敷馬追幷辻売、或者桶屋・畳屋・左官・大工・紺屋之類堅致間敷事
一寄合衆者中老之内より村役人を除ケ筆算之修練茂在之候実体之人七人、地方功者両人、坊人壱人宛撰之、年々順番ニ相勤可申事
　但し、寄合之儀者、時之招中老相談可在之事、若難相済儀者一同評儀(議)之上取計らひ可申事
一諸評儀(議)は寄合衆相談之上、六老衆江も相達し取計らひ可在之候、若右人数ニ而難相済儀は、其余五七人も相招キ評儀(議)決定可在之事
一御印物幷古証等者寄合衆之内年番預り、鍵者両〆りニして惣代弐人之内箱と鍵と別々ニ預り可申事
　但し、是迄銘々所持之御印物者格別之事

一勘定之儀者寄合衆立会ニいたし、其趣六老衆江も
中達シ可申候、賄方者年番より相勤可申事
右之条々者古来之書付也、此趣堅相守可申事
一第一博奕諸勝負堅禁制之事
一米売買之儀者堅相成不申候、是者別而身上滅却之
基ニ候間、少々之事ニ而茂堅無用之事
一参会所的之節、賭衣惣内乙矢之きミ有来候通、其
外さし内口内堅無用之事
但し、勧進的并歩一会之儀は格別之事
一郷士仲間之衆中、馬を追京道へ罷出候儀并芝居之
荷物送り向ひニ罷出候儀、堅無用之事
但し、津出し其外運ひ山之儀者格別之事
一会立辻売等堅無用之事
一大工、一桶屋、一畳屋、一左官、一鍛冶、一紺屋
右之類内職ニ茂仕候儀堅く相成不申候事
一人之妻女娘者勿論後家たり共、密夫之儀相聞候
ハヽ、一同評儀(議)之上名跡を刎可申事
但し、人之妻女娘者勿論後家たり共密夫致候儀
者急度相慎可申事
一不限老若打寄り出銭いたし酒膳候儀堅無用、夜分
者手習算盤之稽古随分可仕事
但し、不限老若打寄出銭酒膳候儀者、其席ニよ
り心得可在之候事
一明神参麻上下着用之事
但し、明神まいり麻上下着用いたし候儀可然候
へとも、時之宜キニ可致事
一両苗中葬送之節、麻上下紋付之衣裳着用之事
但し、両苗葬送之節、麻上下紋付之衣裳着用可
然候得とも、時之よろしきニ可致事

一坊人中十徳着用可申事
但し、羽織着用堅無用之事
一養子嫁取遣之候節、親類書取之、六人一﨟江届ケ可申事
一養子貰ひ候年、山口前ニ衆座付名前年書付、白米一升相添へ、人見者伝右衛門、中川者彦四郎江差出し可申事
一名前印形無之衆中茂一同申合候儀ニ候へ者、後々末代同様承知可有之事

誓約文

一郷士中此以後互ニ随分無麁忽様可申合候、若心得違ニ而不顧一同相談之儀ヲ、却而一己之立身利欲心掛ケ申間敷事
一申合之件々堅相守可申事
右之趣於相背者可奉蒙　伊勢両宮、愛宕大権現、殊ニ者産砂明神幷人見・中川両祖神之御罰者也、依而神文如件
文化六年　月　日
人見九良右衛門
人見仲右衛門
人　見　彦　六
中川八良右衛門
人見半右衛門
中　川　重　之　助
中川嶋右衛門
人　見　藤　九　郎
中　川　少　進
中　川　文　助
人　見　寿　栄
中川権右衛門
人　見　純　助
中　川　要　助
中川清左衛門
人見嘉右衛門
中川富右衛門
中川新左衛門

中川儀十郎
中川禄左衛門
人見半蔵
中川新次郎
中川儀左衛門
中川勘六
中川純同
中川又五郎
人見喜七
人見惣蔵
人見右近
人見七郎右衛門
中川彦八
人見安碩
人見三次郎
中川岩五郎
中川九十郎
人見群蔵
人見民弥
中川和左吉

当時六人

人見孫三郎
人見惣左衛門
中川貞潜
中川徳之進
中川平兵衛
人見太郎右衛門
人見八次郎
人見団六
中川甚八
人見金八
人見利三郎
人見弥平太
中川昌桂
人見佐五郎
中川左右二
中川重助
中川常元
人見市之丞
人見民右衛門
中川東白

人見団三郎
中川春平
人見小右衛門

八、文化十三年　差上申一札之事

差上申一札之事

一此度導養寺御修覆被成候付、仲間八十三人之内八人之者申合、御拝柱ニ往古土根組八十三人立之と中文字、新規ニ彫付候儀、人見・中川御両名より御地頭様江被成届ケ候ニ付、御吟味之上物工ミ相違無之旨、蒙御咎メ奉恐入候、依之悔先非ヲ御願下ケ被成下候様御両名へ御頼申候ニ付、御願下ケ被成下難有奉存候

一右八人之外名前之者、此度之一件不相拘旨御届不申上候ニ付、同様物工ミ仕候義ト思召候段御尤ニ奉存候、然上ハ私共より茂御願下ケ之儀同様御両名へ御頼申候処、御聞訳之上下済被成下候段忝奉存候、尤私共莫大之不調法ニ付、正月九日於導養寺ニ例年酒盛之義御差留メ茂可有御座之処、前々之通被仰付重々難有仕合奉存候、然ル上ハ以後之処古来之通御両名之思召ニ少も不背相随イ、何事ニよらす出情（精）仕候而永々御随身可仕候、為後日仍而如件

文化十三子壬八月

八人之者　八百吉　印
太兵衛　印
仙治郎　印
定吉　印
藤門　印
菊次郎　印
亀蔵　印
栄吉　印
一統之者　磯吉　印
半兵衛　印
清蔵　印
甚七　印
孫助　印
庄右衛門　印

太助印
太兵衛印
弥兵衛印
喜平印
佐七印
重蔵印
喜助印
清三郎印
惣五郎印
藤助印
茂兵衛印
嘉平二印
九兵衛印
元助印
惣六印
虎右衛門印
金蔵印
利七印
嘉七印
嘉助印

喜左衛門印
富助印
嘉兵衛印
与三吉印
庄助印
喜助印
宇平二印
又助印
喜兵衛印
金兵衛印
小兵衛印
伝六印
伊兵衛印
又兵衛印
宇兵衛印
与三右衛門印
藤四郎印
伊八印

前書之通、永々年寄共より為致違背間敷候、以上

年寄六人

彦　兵　衛　印

磯右衛門　印

庄　八　印

文　七　印

藤　吉　印

忠　七　印

（貼紙）

「私儀此度之一件ニ全同心仕候訳ケ無御座趣、前以御届ケ申上候処、当時老分之内江相加り罷在候ニ付、一同より調印致呉候様相願候得共違変仕候ニ付、御両苗中より仍御差図調印仕置候事」

私共儀惣代として済方御願申候処、御聞訳被成内済被成下忝奉存候、已来六人同様為致違背間敷候、以上

直　七　印

善　助　印

人見
中川　両名中様

差上申一札之事

一私手間大工長治郎ト申者、此度不調法仕申訳無御座、地頭様御叱之御上御拝柱ニ彫付置候文字即座ニ削取可申様被仰付奉畏候所、御両苗中御立会之上削取御事済被成下難有仕合可奉存候、以上

文化十三子年閏八月

大工　定　七　印

御両苗中様

差上申口上書

一私共儀先年差上置候書付通心底少茂相違無御座候ニ付、此度之一件ニ不相拘旨前以御届ケ申上候所、御満足ニ被思召下難有仕合奉存候、然ル上者先規之通永々御随身可申候間、此上御憐愍之段一同奉願上候、以上

文化十三子年閏八月

弥　八　印

伝右衛門　印

喜　代　七　印

御両苗中様

定七印
弥市印
治助印
庄七印
庄九良印
半兵衛印
松平印
仙蔵印
善介印
徳兵衛印
源蔵印
忠兵衛印
又吉印
春蔵印
左市印
八介印
杢之介印
千介印

九、文政三年八月　申渡書写（帯刀人心得之事）

（表紙）
「申渡書写」

丹波桑田郡馬路村
人見
中川江

其方共儀代々村方ニ致住居郷士筋目之者ニ付、由緒御聞届有之、延享元子年・寛延二巳年・宝暦二申年帯刀被差免候処、段々及可致帯刀身元ニ無之間、九人ハ相残致帯刀、其余者帯刀相止度旨明和七寅年相願候ニ付、願之通御聞届有之候処、右帯刀相止候者共神事幷近村郷士仲ケ間出会、親類内吉凶等之節帯刀　御免被下度段、文化四卯年相願候故願之通御聞届　御免許状被下之候、然ル処前々より連綿致帯刀候中川儀左衛門・中川和左兵衛・人見彦七郎・人見団六・中川曽平・中川貞助より此度相願候者、人見・中川相名乗候者ハ不残郷士筋目ニ而、右六人之者同様之由緒ニ候得共、当時は二仲ケ間ニ相成候ニ付寄合等之節、多人数之内若年之者抔者致心得違隔意も有之、自然と相談取究兼候儀も有之ニ付、向後者前々之通一仲ケ間ニ被　仰付、両苗之者一同先規之通帯刀　御免被成下候様相願候ニ付、糺之上江戸表江相伺候処、格別之思召を以六人之者より願之趣意御聞届有之、人見・中川一同江　御免許状壱通被下之候、依之左之通被　仰付候事

一敬　上何事ニ不寄御為之儀者勿論、村方随分静謐ニ相治り候様取計、仲ケ間申合平日身持不行跡無之様専一ニ相慎、奢ケ間敷儀決而致間鋪候、若不相守者有之候ハヽ早速可申出候、吟味之上帯刀御取上急度御咎メ可被　仰付候事

一席順之儀者是迄之通年齢を以次第相定メ、両苗一統無隔意睦間鋪可致相続候事

一公事出入願筋等ニ付、御奉行様御地頭御役所江罷出候砌は帯刀致間敷候事

一村内百姓共出会候砌、御威光を以かさつケ間敷儀決而致間敷候、尤帯刀之者当時村役相勤罷在候儀者、格別御地頭御用向幷村用共村役人相談之上取計事済候儀を不表立、内々外百姓共何之訳も不存は、腰押いたし故障為致候歟、又は御法度之強訴徒党致し連印等取集悪事を企候者も有之候ハヽ、仲ケ間申合早速可致注進候、吟味之上帯刀御取上其品ニ寄重キ御咎も可被　仰付候、惣而　御地頭御用向村方共其時々之村役人取計候得共相済事ニ候間、差定候願筋用向等は、何事ニ不寄村役人之意ニ可任候事

但頭百姓不立会候而、難叶用事者格別之事

一其方共之内他国者勿論、遠方江他行等致し候ハヽ前後共可相届候、尤名前等相改候ハヽ、書付を以

相伺差図を請可申候、其外縁組等之儀百姓町屋より取遣致候儀者、格別武家方縁組等致候儀者是又相伺差図を請可申事

一親隠居致し忰江家督相譲、忰致帯刀候ハヽ其砌相願可申候、其外品替之儀有之候ハヽ早速可相届事

一帯刀之儀ニ付、重而勝手ケ間敷願筋致間敷候、乍然次男等致分家候上、帯刀為致度候ハヽ其節可相願候事

右之通被　仰付候ニ付申度候間奉其意、至後々迄無違失堅可相守者也

文政三庚辰年八月　小島杢右衛門　印

青砥軍兵衛　印

小畠専蔵　印

右之通書付を以致　仰渡逐一承知仕奉畏候、依之一統御請連印差上申処如件

丹波国桑田郡馬路村

文政三庚辰年八月　中川春平

人見八郎左衛門

人見仲右衛門

中川好治

人見半右衛門

中川嶌右衛門

人見喜三兵衛

人見純助

中川権右衛門

中川庄市

中川清左衛門

中川富右衛門

人見伴水

人見利兵衛

中川寿平

人見弥右衛門

中川禄左衛門

中川新治郎

中川儀左衛門

中川勘六

中川純同

中川又五郎

人見喜七
人見惣蔵
中川彦八
人見三治郎
中川忠右衛門
人見郡蔵
人見小七
中川和左兵衛
人見惣右衛門
人見太郎右衛門
上　人見民右衛門
下　人見藤九郎
人見彦四郎
人見図（団カ）六
人見四郎三郎
中川曽平
中川貞助
人見七郎右衛門
人見加津右衛門
中川又太郎

中川万蔵
中川兵右衛門

御役人中様

帯刀人心得之事

一帯刀御請書御ケ条之趣堅ク相守り、何事ニよらす御制禁之趣急度相守可申事

一孝行者第一之儀、夫婦・兄弟・朋友之信義を相守り、家柄相応之身持可致事

一邪法邪欲之儀者衆之憎候処、甚敷相成候而ハ乱家之基ヒ、帯刀可致身分第一之心得ニ候間、急度相慎可申事

一家業者身を治メ候第（一脱カ）之儀ニ候間出精可致、其余カニ者経伝を学、六芸を相嗜ミ可申事

一帯刀ニ而他所他国致候節、御請書御ケ条相守り殿様御涯分ニ相拘り候儀決而致間敷、諸向礼儀正

敷、帯刀致候心得之儀平日相嗜可申、自然法外之儀出来候へハ帯刀被召上、其上両苗一同之難渋と相成候儀ニ付、帯刀致候節ハ諸事格別ニ相慎可申事

右外両苗為方之儀、又者身分治り之儀ハ平日相心得可申、不実不行跡致候へハ、一同之名跡を相穢し候事ニ候、申合之条々相背候者ハ親類・朋友之者より情（精）々申聞セ可申、其上不相用不行跡増長致候ハヽ、一同帯刀之家名ニ相拘リ候様ニ成行候へハ、六人中江親類中より相届ケ可申候、且又両六人村役人帯刀惣代より察当申聞候上捨置候へハ、親類不行届キ之儀ニ付急度得其意を可申候、右様申合セ候儀一同睦間敷永久相談致度存念ニ有之候故、格別不身持増長之族者、不得止事一同相談之上両苗中示し之為重ク取計可申事

文政三辰年八月

十、文久三年三月　人見権八郎「日記」

（表紙）
「文久三年
日記
癸亥年三月吉日　人見権」

三月廿九日
一、金弐朱　峠中飯
一、三拾文　茶代
一、五拾文　うとん弐膳代
一、百八拾文　草り
一、三百拾文　袋
一、壱朱　天満宮御料
一、壱朱百五拾四文　八百喜泊り・料理
一、弐朱　酒代
一、六十七文　肴代
一、弐拾五文　もち代
一、三拾八文　船ちん
四月一日（京都出立）
一、八拾文　大津中飯
一、壱朱　石部泊り

四月二日
一、壱朱　関泊り
一、八拾弐文　中飯
一、百六文　馬ちん
一、三拾二文　わらし二足
一、四拾文　茶代
一、三拾弐文　わらし弐足
一、八拾文　四日一（市）中飯
一、弐百八拾文　桑名、きせる一本
一、十文　たはこ
四月三日
一、壱朱　ますや泊り
一、百八文　中飯酒代共
四月四日
一、百八十六文　桑　船ちん
一、四百文　鯉（池脱）鮒籠ちん
一、弐朱　船井飯
一、五百文　なる久酒代
一、五拾弐文　中飯
一、弐拾壱文　もち代
一、壱朱　岡崎松若屋泊り
一、拾文　茶代
一、拾八文　わらし
四月五日
一、五拾文　茶代
一、百文　御油中飯
一、壱朱　吉田土佐屋泊り
一、七拾弐文　岡崎酒代
一、百文　吉田酒代
一、十八文　わらし
一、二百文　馬ちん
一、二百六十五文　荒井中飯
四月六日
一、壱朱　浜松糀屋泊り
一、弐拾文　わらし
四月七日
一、四百文　天竜川船ちん酒代共
一、百文　見附中飯
一、壱朱　川留ニ付見附泊り
一、弐十文　わらし

一、四十文　茶代
一、弐百文　酒代
四月八日
一、五拾六文　馬ちん
一、百四拾八文　日坂中飯
一、百文　小遣
一、五百文　金谷泊り
一、弐百四文　酒肴代
一、弐百三拾六文　酒肴代
一、六拾八文　菓子代
一、弐百文　山田中飯
四月九日
一、壱朱　大井川越
一、弐拾弐文　わらし
一、百文　山田茶代
一、弐拾文　瀬戸川ちん
一、百文　小遣
一、四百五拾文　岡部亀甲屋泊り
一、壱両壱歩八十　岡部宿掛控
四月十日
一、弐百四十四文　阿部川越ちん
一、弐百文　府中昼飯
一、六拾四文　桶鮓弐
一、弐拾八文　わらし
一、弐拾弐文　菓子代茶共
一、金弐朱八百拾弐文　興津両替
一、八十壱文　興津・膳酒代茶代共
四月十一日
一、五百文　三嶋泊り
一、五百文　原より沼津迄籠ちん
一、百文　小遣
一、弐拾八文　わらし
一、百文　甲府中飯
一、六十四文　越津川渡し
一、百八文　三嶋膳酒代
四月十二日
一、百文　小遣
一、百文　中飯
一、弐拾九文　わらし
一、四百文　小田原西山や喜八

一、弐百弐文　箱根三嶋茶代
一、六百文　小田原より籠ちん
一、百五拾文　大磯より平塚迄馬ちん
一、百弐十四文　藤沢中飯
一、三百文　藤沢より戸塚迄馬ちん
一、百文　小遣
四月十三日
一、四百五文　加奈川泊り
一、百六十六文　世川渡しちん茶代共
四月十四日
一、五十文　もち代
一、三百三十八文　品川中飯酒代共
一、百文　小遣
一、四十文　わらし
四月十四日七ツ時、御屋敷差到り、御上屋敷下宿致し候

十一、文久三年四月　人見権八郎「江戸在府中幷道中記」（出立之事、加名川宿之事、在府中之事、調練之事、異船到来之事、出火之事、その他）

（表紙）
「文久三年
江戸在府中幷道中記
亥四月朔日　　人見権八郎」

出立之事
文久三亥三月廿九日村方出立致し、京都ニて逗留致し、去ル四月朔日京都出立相成リ候、石部宿雲州奥方出会申候、それヨリ追々諸大名奥方日々続出会申候、国本に皆々引越相成候、同月五日ヨリ大雨相成リ難儀仕候、同六日荒井渡しニテ雨風ニて難儀致し浜松泊りと相成候、翌日七日洪水ニて往来留ト相成、見附宿半日逗留と相成リ候、翌日金谷宿大井川留ト相成、八日八ツ三分より逗留致候、明九日七ツ時ニ川あき相成リ、其時米屋佐衛門中宿屋町主大勤致候、其川あき越人沢山たまり見事のものニ御座候、翌十日水戸様駄荷弐百五拾駄壱同相成、府中宿ヨリ大混

察(雑)相成リ候、泉屋太源治ニて中飯相成、荷物等いこき兼候ゆへ大井(ママ)ニ心配致し、色々相談相成候処中川與輔・中川禄左衛門・中川宗兵衛代粂次郎、右三人残リ荷物廻し致しくれ候、翌日三嶋泊リ相成候、明朝水戸荷物ニ付是彼間取四ツ半時より箱根山登り候、先は右之通御座候、以上

加名(神)川宿之事

一同四月十二日七ツ時頃異国人加名川宿ニて水戸様御家老乗物ニて御通リ相成候時、異人鉄砲ニて打放し先は御疵無、直ニ駕籠ヨリ出、ぬき身ニて追懸被成、既ニ打はなさん候処、船中へ懸込、横浜ニ而段々掛合被成候、其儘に捨置被成候由、加名川宿町人なとも大さわき、雨戸なとしめ申候、以上

到着之事

四月十四日七ツ時到着致候、御上屋敷ニて下宿被仰付候、御長屋御殿わき女中部家被仰付候、先達拾弐人もの三四日下宿仕候、以上

在府中之事

一四月十五日本所捨浪人取有之候、御公儀の役人三拾余人幷領国橋辻役人共、辻々甲中ニて御かため被成、浪人頭三人計召捕被成公儀江御引被成、其時ニ茂二三日計相知れ不申候得ハ、他分炎町中黒相成ト風分御座候、以上

調練之事

一同月十八日ヨリ、稽古部屋ニ而した稽古有之候、其日ニてハ足幷計ニて相すみ申候、以上

御目見之事

御殿様御目見被仰付難在奉存候、四月廿四日四ツ時、年順弐通ならひ候、其間下リ御桧床間ニ而御酒御肴等被下候

献立之事

吸物　蛤すまし

大皿　蓮根、こんにやく細切、板三切、

するめ細切、くわい三ツ
右之通リ誠ニ結構ニ被仰付、難有仕合之段奉悦候、御殿ヨリ下リ九ツ半時ニ御座候、以上

調練定日之事

一五月朔日ヨリ壱・六・三・八ニ相定相成也、朝正六ツ時揃、御馬場有之候、月一度宛御下屋敷ニて大調練仕候、五月八日ニ御下屋ニて有之候、尤大筒弐挺有之候、中飯にきりめし三ツ、香物三切、梅ほし壱ツ御座候、昼迄行軍仕候、九ツ半頃ヨリ光来前田若殿様有之候、中休御菓子三拾文計被下候、九日凡昼時中川治郎右衛門・同與輔御勘定所御召相成、右調練為御祝儀銭百文宛被下候、以上

異船到来之事

一横浜異船十八そう入込候、五月四日之夜の事、御老中同役御相談有て、小笠原数馬守（知行三万俵）定木舟ニて京都御登相成候、諸大名旗本迄五月六日九ツ時ニ御達有之候

御触達之事

公儀様ヨリ被仰出英銕船出来ニ付、従様子ニつい今盤ニ茂兵端開キ知れ不申候、旗（本脱カ）五百石以上まて触達し候、銘々覚悟可致候事、此方触出候迄決而さわき間敷之事、以上
右さわきの節、芝愛宕辺まて焼払覚悟可致事申達有之候、以上

兵賦之もの差出之事

一公儀兵賦之もの差出相成候、五月十一日四ツ時住居部屋辰之口廿七番部屋有之候、誠に結構之被仰付、月六日休日有之候、銭百文宛被下候也
右公儀へ連人　人見団五郎　村越仲右衛門　人見栄次郎　右三人
御役人中

御元服之事

御殿様　御元服ニ付、御酒料として帯刀人金壱両弐歩被下候、勝次権八両人御勘定所被召出候、難在頂戴可仕もの也、御元服ニ付家中衆百礼被成候、取次

小菅間様、人見勝治取次、右ニ付福岡勘右衛門様、
人見権八郎取次、右両人罷出もの也
五月十一日

異国ニ付取締之事

一品川御浜御殿ニ而、野路瀬上ケ大筒鳴辻ばんはけ
しゆう鳴候得は、其々御かため可罷出もの也、御
触有之候、以上
五月十四日触出

御殿様御付先勢揃之事

一御勢揃軍中ニ而、御殿様青とうし鎧ニ而、御供揃
御馬場ニ而有之候、御保美として銭百文つゝ可被
下候、以上、右之揃、朝六ツ半時揃ハ五ツ半時相
済申候、以上
五月廿三日

帯刀人急出府ニ付御褒美之事

人中川與輔人見権人中川與輔人見権一帯刀八郎両人
急出府ニ付、速ニ御受申候間、金百疋御褒美可被下
候、中川禄左衛門　同與三郎　人見勝次　同郡次
右四人もの続て御受仕候ニ付、為御褒美金五拾疋被
下候、難在頂戴可仕候もの也、右六人もの勘定所へ
被召出候、一統ニ頂戴仕候、以上
五月廿六日

振舞之事

右褒美振舞可申候、両苗帯刀人拾五人御招申候

献　立

吸物　しじみ汁
焼物　黒鯛五寸位
引落　島（縞）かつ魚　さしみ　大根おろし
作身　鯖瓜
めし　香之物

右客人中川禄左衛門　人見小弥太　同弁之輔　中川
兵馬　中川重郎　同勘次　同久治郎　同定輔　右八
人可招申候、以上
六月朔日夕飯

出火之事

一飯倉五町めより出火、六月二日夜八ツ相半時より
はけしく相成、明八ツ半過ニ止み申上候、随分大
火御座候、風荒相成リ杉浦屋敷より火方三拾五人、
間部上屋敷火けし駆付申候、すくに御殿之やね上
リ、間部にめし被下候、引取節ニ御酒被下候、内
玄関ニテ被下候、以上

右火けし人足　　丹州桑田郡帯刀人
御上　高嶋半左衛門　　足軽　人見勝治
山田安兵衛　　〃　郡治
糸辺文之丞　　〃権八郎
中川久郎
〃　勘次
真鐺勘太郎
〃兵右衛門
氷上郡　松本武衛門代
中川定輔
中川宗兵衛代
酒井吉郎右衛門
中川太郎兵衛
右拾二人

後ハ大部屋人足

西丸出火之事
一六月三日朝五ツ時より八ツ半頃まて相焼、御本丸
少々やけ、其時風節要して、其時高地より炎申候
風分有之哉、翌日四日諸大名旗本昼夜御働被成候、
此れも夜なれハ本丸茂速く焼るとの全風節ニ御座
候、以上
御殿様より火けし人足へ御酒料ニテ銭百文宛可被
下候、以上
右之通り荒増書記置可申候、後年ニ拝覧可致候、
以上
七月廿一日記置もの也

十二、元治元年五月　人見中川「由緒書」

（表紙）
「元治元年子五月
由緒書
丹州馬路今津両郷士

人見
中川」

由緒書

丹州桑田郡馬路村新田今津村
人見市之允

家祖加賀守従往古
禁裏北面相勤当桑田船井両郡を領し代々住居仕罷在
候由緒、伝来荒増左ニ申上候
当国北山中郷之義者、人皇五十代桓武天皇御宇従延
暦年中被為在、御遷都、禁裏御杣料被為在御定、大
嘗会御用之竹木調進相勤申来り候
一同六十二代村上天皇之御宇天徳四庚申年内裏炎上
御造営之節、市之允頭取仕竹を流し候、是則大井
川筏之始ニ而御座候
一四条院之御宇長和三甲寅年内裏炎上之節、北山郷
中江御用被仰付、材木御用相勤申候
一元暦元年三月廿日源頼朝公ヨリ御感状被下置、相伝所持仕候
一正治二年郷中江　卿宣(衍カ)宣旨被下置、相伝所持仕候
一人見丹波万里小路贈左大臣宣房卿江参勤仕、正平
六年十一月十二日足利将軍尊氏公丹州御発向之節、
当国郷士御招之節、触頭被　仰附御書、相伝所持
仕居候
但し軍功数度ニ附、御感状等茂所持仕居候
一暦応三年嵯峨天龍寺御建立、応永十三戌年臨川寺
御建立御普請材木御用相勤申候
一永正八年九月廿二日高国公ヨリ御触書被下候而、
軍役等相勤候
一同十四年三月廿七日中御門中納言様ヨリ宣旨被下
置候
一天正四年三月五日織田信長公ヨリ被仰渡候御書所

持仕候
一同十年五月十四日織田信孝ヨリ中国御手配之御書
所持仕候
一大坂御城御普請之節御用相勤、北山郷村々ヨリ材
木川出し保津村・山本村・嵯峨・梅津・桂郷之者、
筏取次手配等相勤人見又之進三条右大臣公成卿江
相勤居
太閤秀吉公御書翰等今に預り所持仕候
一文禄元年七月十六日加藤主計頭ニ相随、朝鮮征伐
之節武功度々附首感状等所持仕候
一人見又之進儀当国馬路村ニ住居仕、川筋御運上木
改御役所預り、夫より数代相勤来り候
一慶長二酉年初而川造仕、丹州奥川筋宇津郷之内
字 高瀬　大棚　スベリ
　 水戸　堀戸　サルトヒ　極々難所切開キ、
同十辰年字堀戸ト申所大石ヲ伐る、夫ヨリ奥川筋
周山村字宇の森ト申ケ所大石ヲ伐り、大難所四ケ
所作り候
一慶長五年六月中
東照宮上杉御征伐として御下向被為在、就而者本
願寺教如御門跡御帰路之砌、御難之場合も有之、
則両苗共へ御内意ニ依而途中守護申上候事
一同年九月中
東照神君様関ケ原御勝利ニ付、教如御門跡再度御
下向、神君様へ御対面之砌、私共儀も御機嫌相伺
厚蒙　御意、其後御門主様より拝領物仕、御自筆
之御名号頂戴所持罷在候事
但し享保度大火之砌、右拝領物品書記録帳焼失
致、御名号相残り持伝へ候事
一同十九年中
東照神君様大坂御陣之砌、軍役相勤鯨幕拝領所持
罷在候事

一寛永元甲子年十月神事能ニ附侍分ト百姓共ト出入ニ付、京都御奉行五味金右衛門尉殿江御願申上候処、丹波馬路村へ御下向被遊、日置村馬渕九郎右衛門、中村北村多兵衛曖候而、於　御前神事能被仰付、則登証文相伝り申候

一同二乙丑年二月二日五味金右衛門尉様江御願申上当住居今津村八十五石七升七合之場所一村開発仕御公儀様江上納仕、則御印書頂戴仕相伝所持仕候

一同五年奥山中川筋所々川作り仕候

一万治三庚子年三月十三日五味備前守様より侍分ト百姓共ト立分ケ之御印書頂戴仕、今人見中川両苗のもの相伝所持仕居候

一寛文四辰年川筋難所字　堀戸表　高瀬裏
　　　　　　　　　　　　ミ、が瀬

中所大石数多伐取、川造り仕候

一同年九月亀山御城主松平伊賀守様御代、材木運上御役所御預りニ相成、今津村も其節御領分ト相成、人見市之允儀者不相変御役所御用勤申候、尚又把物之儀者嵯峨材木屋共へ被　仰付候事

一寛永五子年宇津郷山間本すべり、ねりとさる、とひト申所三ケ所、其外所々川造り申候

一同七寅年窓岩イケ、岩曲りノ上下、大渕之上下、大岩数多伐開申候

其後数年来奥川筋より嵯峨まて、所々難所不残川造り仕候事

京都へ材木積登し竹木御潤沢も数代私共聊勤功ト奉存候、其後数度之川作り仕候往古之趣荒増書記、尚未細之儀者記録を以申上候、以上

右之通、数代軍功武功も仕、御用等も相勤来候得共、天保年度之頃地頭重役之方聊役欠御座候折柄、私共茂無何と運上御役所勤御免被　仰付、何共奉恐入候、

誠ニ古来より数代之勤功之訳柄を以、再勤歎願茂仕
候得共、聊於御地頭御頓着不被下候而、甚以歎ケ敷
儀ニ奉存候、何卒御慈悲を以御賢察被為成下、先規
之通、再勤被　仰附被下置候ハヽ、御慈悲之程難有
仕合ニ奉存候、以上

子五月

由緒書

一清和源氏新羅三郎第五男子中川形部太夫儀者、美
濃国安八郡中川之庄居城爾時六郡ヲ領ス、其後十
九代右近衛権少将、永禄四年辛酉五月織田信長之
為ニ落城、右近衛権少将嫡子中務太夫共々自殺、
其子二男四郎三男五郎叔父越中守と上洛ス、同年
美濃落城之砌中川五郎同越中守丹波馬路落住居罷
在、折々村方混雑有之、郷士共治之、右為礼ト百
姓共より郷士一統之屋敷四方堀ヲ修覆致呉候事

一同六年六月十日
将軍足利義輝公之命ニ依而丹波国船井郡給御印書
外ニ　御太刀拝領、其文左ニ

一可令爾領知丹波国船井郡地頭職之事
右全ク可為知行之状如件

月　日　　義輝　御直判

中川四良とのへ

一其後依　義輝公之命所司代幷ニ寺社奉行相勤候事

一同八年五月十九日　将軍義輝御生害、其後二代依
義昭公之命ニ、中川八郎右衛門尉織田信長公ニ従
軍ス

一同十年　信長公黒母衣十人衆被　仰付、安土之城
代相勤候事

一同十二年四月十六日丹羽五郎左衛門尉、木下藤吉
郎、中川八郎右衛門尉、明智十兵衛尉、連名ニ而
丹州村々江之下知状遣シ候事

一同年八月廿八日伊勢国大河内城責之砌、中川八郎

右衛門出陣ス

一元亀二年八月　佐久間右衛門尉、中川八郎右衛門尉、柴田修利之進、丹羽五郎左衛門尉、右四人江被　仰付浅井之持城新村之城ヲ責落ス

一将軍義昭公御没落之後、中川八郎右衛門尉丹波馬路江退キ住居仕候

一天正十年明智日向守本能寺合戦之砌従軍、父兄の讎ヲ報ス

一同年中　将軍秀吉公之命ニ依而前田徳善院其誉法印所々分問御改ニ付、当地江御赴有之候処、両苗惣代中川摂津守乗真入道申上候者、当馬路郷之儀両苗屋鋪地往古ヨリ制外之地御検地之儀は御断申上候処、無地高百石可差出旨被　仰付御請仕候記録有之候事

一慶長元年丙申八月中中川摂津守、大祖勧請仕候事

一元禄十一年寅五月中　御代官小堀仁右衛門殿より杉浦内蔵允殿江知行所ニ御引渡ニ相成候事

一享保年中地頭ト郷士差縺出来候ニ付、両苗惣代中川平右衛門御公義江出願候処、双方御糺之上於御評定所制外之地と被　仰渡事済ニ相成申候事

一出羽国秋田城主　佐竹右京太夫殿客分家老中川駒之助儀、同家之者ニ有之候事

一豊後国岡之城主中川修理太夫殿元祖清秀、当方より相分レ申候記録有之候事

右之通、荒増書抜申上候事

人見弥九郎　印

奉差上候分記置申候

一橘様江　一冊

東本願寺殿江　一冊

高家

横瀬筑前守様江　一冊

東町奉行
　小栗下総守様江　　一冊
御老中
　稲葉兵部太輔様
　　公用人　伊沢右馬之允殿
　　同　　田崎雄策殿　　一冊
御所司代
　松平越中守様
　　公用人　岡本作三右衛門殿
　　同　　小寺新吾左衛門殿　　一冊

十三、元治元年六月「馬路村両苗郷土(士)一条之記」

(表紙)
「元治元年
馬路村両苗郷土(士)一条之記
甲子六月　」

一始メ頃ハ申年より始願書以願出シ丹州山国竹木文左衛門と申もの今津村人見市之丞殿舎弟也、此人より申出シ両苗ものさそい市之丞殿上出始メ度所存ニ而、両苗公儀直口上致度所存候、両苗頭取もの中川佐市郎・同貞三郎・同治郎左衛門・同武造・同定治・人見立之進・同勝次右七人之もの、竹木文左衛門殿頼込、色々談し致し候処、ふと御地頭へ相聞へ御差留ニも相成り申候ハヽ、一両年中絶も仕候処、又候当子年春頃より文左衛門ヲ以会津殿へ願込手掛り致候処、会津殿程なく本国へ御引相成り候故、無致方候ハヽ、花鳥御殿侍平井昌之進ヲ以一ツ橋殿江願込ミ、一ツ橋家来川村敬十郎□足三人若身弐人草履取壱人、今津村市之丞殿尋被参候処、市之丞ニ而は咄しも調難候故、中川佐市郎方ヲ尋被参候処、六月十一日四ツ時頃ニ着相成り候、其より両苗荒増相談申候処、何共御返致兼候ニ付、竹木文左衛門殿俄ニ飛脚立宇兵衛と申もの遣し申候、跡ニて色々評定申候得とも、何共御答兼候、中川定治・同武祐・同佐市郎右三人御答申上候、先年少々咄しも御座候へとも、只今ニ而取掛相談も致不申候事ニ御座候間、只今文左衛門殿呼ニ遣申候間、何卒今日逗留御成被下候ハ難在願上候、拙者とも能々承知致候、其儀ならハ拙者是より峠迄引取申候、追而承ト被申候、其時麁酒粗飯差上申候得ハ、茶料として金弐歩被置候、七ツ時頃ニ御立佐市郎召使生之助ト申もの宇津根船場迄道内継申候、御立後ニ而色々評定申候得共調難申候、明十二日竹木氏九ツ半頃ニ当着ト相成り申候、其後寄合ヲ人見丈右衛門妻とさト申人ニ寄合ヲふれさせ申候、寄合宅人見太郎右衛門へ七ツ時頃ニ荒増寄竹木氏承り申候処、右之次第御座候、竹木氏ハ夜四ツ時頃今津まて引取相成り候、両苗之もの残り評定仕候処、追々物も有、追々不申ものも有候故、何分右之物存不申候ものたち御座候故、当地ニ而者先々御断延引候段ヲ時之惣代太郎右衛門・今右衛門両人へ預置申候、其夜者七ツ半時開申候、右返答惣代両人より被申候、竹木氏翌朝四ツ時御屋しき人見団右衛門様方へ被参候処、人見氏より段々の御利替(理解カ)と有之候へとも不聞入候へ者、其時者大体ならハよからう候ト申居候得共、両苗惣代ニ而右様ニ申候而引取候得共、猶又右七人ものより惣代存不申上候て内文致候故、竹木氏何にかなこばみ候ふし故幸トシテ又候願出申候故、去ル七月十四日昼時頃京都徒飛脚参、書状名惣代弐人名前竹木文左衛門・人見箭九郎ト名乗、箭九郎名前ニ而参り、其明十五日朝太郎左衛門殿兵右衛門方参り、扨兵右衛門殿・箭九郎殿より同様分の手紙参り候ト兵右衛門殿へ談相掛申候処、惣代両人駕□其儘扨不置と申、廻礼もの掛りの人荒増兵右衛門宅へ寄せ候得共、何分中間一統大じ事なれハ中々今席ニ而は返答も申兼評定も難附申候故、明ケ六ツ朝飯早々の寄合ふれさせ被下ト申、先々十五日者七ツ時頃ニ開申候、翌十六日朝飯早々両(人脱)荒増寄相談有之申候、何共相談不定候、其より日々引続寄合致し候得共、京都大変ニ付、中絶致し候処、中川与三郎廿二日頃ニ上京被致、廿三日京都より手紙持帰り候処、其より寄合ふれさせ相談仕候、先々荒増出来調申候故、明廿四日朝六ツ半時頃参会所出立致し候、出府人装束帯刀

縮ぶさき小倉まち高着候、出府人名前書
中川佐一郎　人見軍治　中川熊太郎
中川種治郎　同治郎右衛門
中川定助　同丑之助
人見強六倅　同貞三郎代太郎兵衛
同　貞造　同武造倅　同嘉右衛門弟
人見勝三郎　人見俊治　中川與輔弟
人見立之進　同秀之助
中川石見倅　同　万造

人数〆拾九人下部六人遣樫持参仕候、京都旅宿三条通大宮東へ入近江屋金兵衛方へさして参り申候、峠迄参り処鎗なき故不都合次第ニ付、貞三郎代太郎兵衛殿へ鎗持呉ト申帰り申候、其、俄ニ両苗連中鎗取集申候、人足三人拵へ為持三条さして行にけり、然ル処梅津太治右衛門申方ニ而拵仕鎗壱筋つゝ、供廻り六人召連廿五日弐（力脱カ）所へ備ヲ立、三条若狭屋ト申方ニ一ツ橋殿之下宿有之其方江落付、夫より一橋殿之御屋敷へ一統参、門番ニ取次セ、丹州馬路村郷士都（合脱カ）廿三人此度之御大変ニ付、兼御願申出毎々御世話様相成居候事故、一統驚入今日者不計御見舞之推参仕候と申上候も、門ばんより取次暫く差控へ可申様被申控へ居候へ者、やゝ有て玄関より御召有之頭取のもの弐人計玄関迄進ミ候処、此度者只御見舞計かと御尋有之、答、御見舞計ニ而無御座、何成共御用向御座候ハヽ被仰付度と申上候ハヽ、取次奥へ入暫くシテ先是へ一統通り可申と内玄関へ通シ候処、茶道罷出刀ヲ預り勝手へ持行、次ニわり子廿三指出此わりご梅ぼし二ツ、ミそ少々入有、此わりこをくい終り候ハヽ茶ヲ出し申候様子、左有テしハらくして川村と言取次罷出、今日一統見舞段心妙重役一統大慶ニ存候、然る所別段御用向も無之先々一統国元へ、追而御沙汰相待可申と被申候ニ付、郷士連中心組相違いたし、国元者用向も別段無御座、いつれの御用成共被仰附被下度と押而相願申上候も、此度者先々国元へ引取可申と被仰、一統致方なく宿元へ引取態々相談シ候へとも、差而無致方翌日四人計残り、又候川村様へ取次ヲ以四人計滞留仕御用向被仰付被下度と願出候へとも、是非此度御用向無之昨日之申渡候通、一先国元へ引取、追而之御沙汰可相待様と被仰一統実心致、此廿六日ニ皆々御引取之様ニ而竹木氏も廿六日夕方に帰宅仕候、乍去右之次第者、竹木手帳ニ委敷印極々蜜書ニ致居候書附ヲ極内々ニ而写取、京都次第一々承知仕候、左候へとも此度之義荒々之所御座候、此度一条只今ニ而出来調申候次第ニ者無之、此上川村より重役へ届ニ相成、夫より御家老へ相達シ、夫より殿様へ窺ニ相成り、夫より江戸表へ達シニ相成り御様子御座候ハヽ取留候事、一ツも無之いまてハほんのすヽめのぬかよろこひとやら申やうのもの、先日廿三日之訳柄ハ大変之時御見舞申上度と申遣候ニ付、右様之次第取計有之候へとも、常之時ならハまだ〱其辺ニ者参り申

十四、元治元年十二月中　東御奉行小栗下総守殿、於御役所ニ御尋差縺返答手続書

（寛永元年十月十八日覚、寛永二年二月二日五味金右衛門尉様――開発被仰付候御許状之写、新田御請状之事、萬治三年子三月十三日定、十二月覚、ケ条返答覚、御返答、口上覚、一札覚）

（表紙）

「元治元甲子十二月中
東御奉行小栗下総守殿
於御役所ニ御尋差縺返答
手続書
人見弥九郎、記之」

子十二月十三日、東御奉行小栗下総守殿御役所へ馬路村庄屋・年寄・頭百姓、明後十五日罷出候旨之御差紙左ニ尋候儀有之ニ付、明後十五日四ツ時東御奉行所へ可罷出候、若於不参者可為曲事者也

子十二月十三日　京都番所　印

丹波桑田郡馬路村
庄屋
年寄
頭百姓

右は本人可罷出候

同十四日、庄屋共着致十五日庄屋貞八御役所江罷出

掛リ与力田中寛次郎より被申聞候者、帯刀百姓共多人数上京致居、右人数書差出候旨被仰付庄屋申候ニハ、村用之儀ニ有之候得ハ私共より取調差上候得共、両苗郷士ニ相抱り候儀ハ惣代江被仰付候様申上候得共、掛リ役人聞入無之、御役所之申付とて西洞院下立売上ル法林寺へ参り、右旅宿ノ人数書請取持参可致様達而御申付、依而右寺へ参り中川種次郎江申入候所、同人申候ハ、郷士共連名書庄屋へ相渡ス筈ニ無之、御尋之儀有之候得ハ、拙者ども御呼出し被下度旨其御掛りへ断候様申候ニ付、十六日庄屋共より右之段御役所へ相断申候事

同十七日、庄屋・年寄共の内三人罷出候様御達しニ付罷出候所、明後十九日左の五人之者召連罷出候様御差紙左ニ

尋候儀有之間、明後十九日五ツ時東御役所へ急度罷出候、若於不参は可為曲事者也

子十二月十七日

京都御番所　印

丹州桑田郡馬路村

定次

貞三郎

勝次

武造

佐太郎

右之者何れ茂本人ニ附添へ差添可罷出事

右村

庄屋

年寄

かたへ

其節庄屋武助より申上候ニハ、両苗之者共儀、私共取扱可致筈ニ無之、依而御証不仕旨押而申上候処、種々御利解（理）之上　一橋様之儀を彼是被申外役所おゐて御用有之候共、当御奉行所ニ而ハ取用不申右百姓とも彼是申候得は可召捕旨被申付候ニ付、左様ニ候得は先御召状御預リ申上、両苗之者共へ示談之上御返答可申上旨ニ而引取申候事、尤相談之上十八日庄屋年寄江相渡候返答書左ニ

覚

一御所司代板倉周防守様江御願被成候所、御調として此度五味金右衛門尉様就御下向当村神事能被仰付候、然者侍百姓衆いかかうしの出入御座候ニ付、則双方　金右衛門尉様御前ニ而被仰付候様子百姓衆いかかうしを取見物可仕候、不然ニ候、見物も仕間敷出入之儀者重而御吟味可被成旨ニ而能御座候所、両人罷出曖可申候事

一いか（床）　高サ　九寸

一前之貫　高サ　いかより五寸

一地形ハ　如前々

右三ケ条之通唯今相究能御座候、其後ひ人などのかきとて古記かうしを被つけ候よし承候間、則彼方へたつね申候へ共、何時も神事前ニハ取可申旨堅相定候条、自然相違候儀ニ候ハハ何時も両人罷出可申上候、以上

馬淵九郎右衛門

寛永元年十月十八日

北村多兵衛

人見
中川　御侍衆中
参

一五味金右衛門尉様御下向ニ付芝間御見分之上開発被仰付候、御許状之写左ニ

丹州桑田郡馬路村・小川村・千原村之内八人講田中嶋荒廃《コウハキ》之地可開発之由無相違候、御年貢之儀者、従当年随田地之堪否可相納、公役之儀五ヶ年令免除畢、若於不成済者彼田地可附同百姓者也、仍如件

寛永弐年二月二日　金右衛門　御判

馬路村
久兵衛
太郎兵衛
治郎左衛門
彦之丞
加兵衛

伝　助

新田御請状之事

一丹州桑田郡馬路村・小川村・千原村之内、八人講中嶋万年芝なこし新田之儀無相違被仰付忝奉存候、御年貢之儀当年者壱ツ五分来年者弐ツ取ニ御請申シ、来ル卯年ヨリハ立毛随相応ニ被仰付可被下候、御公儀御役儀之儀当年ヨリ五ヶ年被成御免除忝奉存候、五ヶ年過候者急度御役儀可仕候、右年貢御役儀以下於御無沙汰仕者、右之田地被召上自余之百姓ニ被仰付候とも御恨ニ存間敷候、為後日一札仕上申候、仍如件

寛永弐年二月二日

馬路村

人見久兵衛

人見太郎兵衛

中川治郎左衛門

人見彦之丞

中川加兵衛

人見伝助

五味金右衛門様

定

一馬路村神事能在之時、百姓共致見物候小屋之床隔子仕候義ニ付而、寛永元年十月人見・中川之者致訴訟百姓共と公事仕候処、日置村九郎右衛門・中村多兵衛曖候而床高サ九寸、前之貫高サ床より五寸、地形者如前々と証文仕相渡候由ニ候、然者百姓共去亥年八月神事以前右小屋之床を高ク仕、新儀ニ幕を可張用意致我儘を企候由、人見・中川之者訴訟申ニ付今度双方召寄相尋候処、百姓共右曖之証文を致違背、床を高ク仕幷新儀ニ幕を可張用意仕候儀無紛相聞曲事ニ候、自今已後背此書附之旨於我儘仕者可処罪科者也

萬治三年三月十三日　備前　御印

丹波馬路村

人見

中川

覚

一此戴許書之以面御取用之次第左ニ

一一橋殿於御用談所取次川村恵十郎殿夫ヨリ中納言
殿江御申上御披露ニ相成、郷士ニ紛無之趣郷士惣
代江於御用談所御連在之候事
一御老中稲葉兵部太輔殿公用人伊沢右馬之允殿・田
崎雄策殿江茂右同断之事
一御所司代公用人小寺新五左衛門殿ニも右同断之事
一東本願寺於御門跡ニ而茂右同断之事、右之通ニ在
之候間夫々郷士御取用ニ相成候事
一御奉行五味備前殿より被下置候郷士人見・中川氏
儀　御公儀之御書反古ニ相成候哉、此段御返答承度
存罷在候、以上

十二月　　馬路郷士

人見

中川

ケ条返答覚

一馬路村之儀、御代官小堀仁右衛門殿より元禄十一
五月中杉浦内蔵允殿へ御引渡之節、収納之儀は百
姓ニ而御引渡ニ相成候哉も難計、両苗之儀は元よ
り郷士既ニ万治三年御奉行五味備前守殿より茂御
戴許書ニ人見・中川と御認ニ而被下置、元禄之後
享保度江戸表於御評定所被仰渡候廉も在之、且両
苗郷士御調之儀者右年中寛政度・天保度御改革之
度毎願御調左候へ者、収納御引渡ト郷士之廉者
別々之事之様ニ相心得居申候事
一右ニ付収納之儀者、御代官小堀仁右衛門殿御支配
ニ而御取扱ニ相成候事と存罷在候事
一郷士之儀者、寛永年中百姓共ト差縺出来候ニ付、
御所司代板倉周防守殿江致出願　御奉行五味備前
守殿御捌ニ而被仰渡候、依之前文之通御改革度々
御改有之申上来り候事
一右之次第ニ付収納幷村用之儀ニ有之候得者、地頭

より彼是申立候儀も尤ニ存罷在候事

一郷士身分を彼是申立候者地頭心得違之様ニ存罷在候事

月　日

一馬路村之儀者両苗高ニ在之、小百姓共へ為作夫より取立両苗より収納致来り候事

一郷士身分ニ付田地向家頼之者ニ支配為致来リ候所、取立厳敷追々難渋仕家来任ニも難相成、依之私共乍内々田地向取扱致罷在候事

一地頭より帯刀之儀者延享年中人見団右衛門より申候者、御地頭家来無数勤番被申付候哉も難計、然時者郷士帯刀ニ而ハ差支候儀故、地頭帯刀被相免候様出願可致旨相談致候ニ付、一統可然ト致承知右廉ニ而御座候事

一其後一統相談ニ者元より帯刀之身分ニ候得は、地頭帯刀不承知之旨申立候者多、依而難渋と申立地頭帯刀相断申候事

一文政度地頭より帯刀之儀彼是故障被申、依而又々出願いたし候事

一地頭之勝手ニ付而は帯刀ニ而呼出し、又者土百姓ニて呼出し、自儘之取計被致候ニ付一統寄腹不致候事

一右証拠儘有之当夏以来より　一橋様江参殿仕候節も郷士ニ付其御取扱被成下候所、九月晦日地頭役人より両苗之内五人苗字を削リ土百姓同様ニ呼出し　一橋様江度々罷出工致候抔ト申立、揚屋入幷入牢申付候事又候、今般前々之廉江立戻り十月廿三日苗字を削り五人之者呼出し仕、依之一同及混雑多人数上京仕候事

一当節ニ至り地頭より帯刀差免候者抔ト被申立候者不得其意ヲ、弥以地頭より差免候帯刀ニ御座候ハ

ハ、尚更其取扱ニ被致候筈と相心得候事

一地頭より此度両苗之者郷士立度旨とて四拾人之徒党致候抔ト申立不埒之事ニ御座候、元来両苗之者共儀由緒書も入　御覧候通、往古より将軍家御代々御加勢仕候先例も有之、当時之御時節世上不穏候ニ付、身不肖之私共儀ニ御座候得共、猶身命御公儀様江御加勢仕度旨夫々内願仕候、為規定連判取之候事

何分地頭之申立は自儘之様ニ存候間、此段御賢察奉願上候

郷士惣代

十二月　人見軍治

中川種次郎

右之通差上候所、掛り与力同心立腹致答書写取被差戻候ニ付、庄屋武助より申上候者、返答書ニも有之候通地頭取扱方不宜、依而差縺出来致候段押而申上候処御掛リ聞入不申、尚文政三辰年中公事出入等ニ付諸役所へ罷出候時ハ、百姓ニ而可罷出旨書附地頭へ差出し有之、依之召連出候様大音ニ而厳敷被申付候間、其儘引取相談いたし候事

一十九日庄屋年寄共へ相渡候返答書左ニ

御返答

一昨十八日庄屋共へ御利（理）解之趣、左ニ地頭江文政三辰年中両苗先祖共より公事出入り願筋等ニ付　御奉行所幷地頭役所へ罷出候砌者、帯刀致間敷旨之御請差上候由、右之趣を地頭より御奉行所へ申立候由、此儀を以此度無苗字五人之者御呼出之旨庄屋共へ被仰付候趣、尤先祖共苗字を削り候御請は不仕候と存罷在候、右之段を彼是御調有之候ハヽ、其後天保十四年中御改革之砌、御公儀より五味備前守殿御書印御改ニ相成候者、両苗郷士又々相改り候事と存罷在候、其後地頭辺へ以前之通不行届之願書差出し候覚無之、右之趣を以御調奉願上候、以上

郷士

十二月　人見

中川

右之通差上置候而、地頭取扱方之儀種々申上候処掛

り尋有之候者
一宗門帳ニ苗字無之趣

一天保十四卯年中川治郎左衛門より継目致何故候哉、亦天保度御改之節　御公儀より帯刀御免之御書下ケ有之哉之旨御尋、庄屋・年寄共返答ニ困入候事、就而は又々御利（理）解者地頭より差免候帯刀百姓ニ相違無之趣、然レは地頭を差越諸々へ罷出候者、不埒之旨種々被申聞返答無之おゐてハ早々召連罷出候様、此旨一統之者へ申聞候との事に付、引取申候て又々一統相談いたし、廿日出之儀者其儘捨置可申様取極メ候事
一廿一日之返答書者、一昨十九日庄屋・年寄共へ御尋之趣一々申開之返答書左ニ

口上覚

当十九日庄屋共へ御尋之趣一々承リ御尤之事ニ御座候、連名之者共此儀ニ而　御奉行所へ出兼旨以書附ヲ差出候様被仰付、右御尋之趣御返答申上候

一地頭より由緒を調出し取立ニ相成候者、地頭郷士ト存罷在候事
一御公儀より由緒御調ニ而御取立ニ相成候者、天下之郷士相心得居候事乍恐申上候迄も無之、馬路村杉浦内蔵允殿知行所ニ拝領被致、然ル所両苗之者共自儘ニ取扱被致候ニ付差縺出来、享保度於御評諚所被仰渡候廉々杉浦家ニ者承知之事ニ御座候、右等之儀此度於御奉行所ニ而も御承知之事ニ而御調と一統難有相心得居候、此上地頭辺より申立之儀御取上無之様奉願上度、何分両苗之者共歎ケ敷存罷在候、今般地頭申立ニ依而苗字を削リ　御奉行所へ可罷出旨御沙汰達而被仰付候得共、無余儀事ニ候得共、左様ニ相成候而者享保度御調ニ立戻リ歎ケ鋪奉存候
一宗門御尋、此儀丹波国馬路村長林寺茂御呼出し御尋被成下度候事
一天保度五味備前守殿御書印御改之節、苗字帯刀御

免之書有之哉之旨御尋書附無之候事、乍去右年中被仰出候者享保・寛政度之例を以て御改革と被仰出、此儀如何之儀ニ御座候哉相分リ不申候事

一継目御尋、此儀御咎メ可申請候之事、御公儀より苗字帯刀被下置候を地頭自儘ニ取上ル抔ト認メ有之候書類儘有之、此儀如何ニ相成行候哉相分リ不申候事、外ニ私之了簡を以て或ハ揚屋入、又ハ入牢申附候儀儘有之一切相分リ不申候事

一言上申上候者恐入候得共　御老中松平伊豆守殿御勤役中何某申候者、知恵伊頭（豆）守殿と承り候間、御前ニ而言上相願候所御聞済相成、伊豆守殿へ申上候者、「聞すともここを瀬とせん郭公木の下くらき杉のむらたち」西行法師之歎言上いたし候ハハ、伊豆守殿尤ニ被思召御調御止リ、夫々御戴許被仰付事済ニ相成候趣承リ及候、何分両苗郷士種々之次第も有之　奉対　御公儀江土百姓ニ而者罷出兼候間、此段乍恐奉願上候、以上

十二月

馬路郷士

人見

中川

一長林寺一札左ニ

一札　覚

一宗旨之儀者当宗門往古より人見・中川宗門帳ニ認メ来リ候所、至御当代中古右苗字附ニ而者地頭辺差支之趣被相願候ニ付、無余儀苗字を削り候段、奉対御公儀江恐入候次第、尤も此儀者先々代より申伝ニ相成居候、右之次第者若御公儀より御調も有之候ハハ、拙僧罷出申伝之趣委敷言上仕候間、此段両苗御一統御承知置可被下候、以上

月　日

長林寺　判

郷士　人見

中川　衆中

右之書へ先達而申差上候書類不残両苗由緒書共相添、庄屋・年寄共へ一々申含メ、今日之返答書は不残小栗下総守御手元へ差上可被下旨押而申上呉候、若与

力同心衆彼是被申候得者、兼而召捕との事ニ付両苗郷士上京之者六拾余人御奉行所へ召捕連に罷出候、尤出掛ニ杉浦殿役人宿へ立寄、元来家老始地役人共両苗之郷士自儘ニ取計、其上当御時節聊も不憚　御公儀江不当而已申上、彼是御手数掛ケ候段不得其意ヲ候間、役人共ニ始末柄を為認メ地役人共召連罷出候旨一統決心致候間、御奉行所之返答承リ呉候旨申聞差出候事

右之次第を一々庄屋共より掛リ役人衆へ申上候由、於御奉行所ニ書類不残御取上ケ之上御掛リより被申渡候者、両苗由緒を以て天下一之忠節尤之事、外国者存怒事、日本ニおゐてハ其儀彼是申者是有間敷、此度之儀ハ江戸表より取調申来リ候ニ付及吟味ニ候、右杉浦役人共願出し候儀ニ無之故、役人宿へ行事ハ相止候様御利（理）解、就而者先達而差出候召状日限も相過候ニ付、差戻し候と被仰付庄屋共御召状返納致候而、就而ハ庄屋一統之者共帰国可致旨被仰付引取申候事、其節掛リ与力衆御頼ニ其書付之内　一橋様始外方之趣意之下札御頼ニ付認メ差上候事、享保度於御評定所ニ被仰渡候廉々書附ニ致呉候様御願、此儀者

覚

一享保年中於評定所ニ御戴許之旨郷士之中ニ者控書儘有之候得共、此儀ハ地頭委敷承知いたし居候筈ニ依而、地頭より御聞取奉願上候、以上

郷士　人見
　　　中川

右下札之儀は廿弐日ニ差上候事、其後者何事も御尋無御座候、以上

当冬ハ先相済

十五、元治元年十二月　杉浦より口上書　付り郷士より御門跡江差上候返答書、御門跡より御返答

（表紙）

「元治元甲子十二月

杉浦より口上書

付リ

郷士より御門跡江差上候返答書

御門跡より御返答　」

口上覚

向寒之砌益御門主様益御機嫌先被成御座珍重之至ニ忝奉存候、将又牧豕郎知行所、丹波国桑田郡馬路村高持百姓共之内十人余、延享年中地方家来人見団右衛門と中者依願村取締、且非常之節為夫役苗字帯刀差許、人見・中川相名乗罷在候処、其後難渋ニ付帯刀相止度段断申出廃刀之者茂有之候処、猶又文政年中依再願、右両苗仲ケ間一同帯刀差許規定書申渡し請証取之、其後代替リ之節ニ継目願出聞届之上差許、其時々定之趣申渡し請書取有之者之内四十人余申合セ郷士相立度目論見仕、手引之者有多人数上京其御殿江も願立仕品々寄御引立ニも可相成哉ニ被承及候、右者地頭有之者共ニ件決而御採用者無之御儀とハ被奉存候得共、万一御取上ケも有之候而ハ種々差支之儀出来自然不及止事、御称号ヲも可差出運ヒ可至も難測、然ル節者深ク恐入候事ニ被奉存候、殊更丹波表之儀領主地頭より差許し、帯刀之人別而多分有之候得者、牧豕郎知行所内之者、右願意若も相立候節者乍《タチマ》チ外郡村江も差響キ、遂々一国之惑乱ト可相成も難計、左候而ハ御時節柄奉対公辺恐入候次第甚心配仕居候趣、且又往古郷侍之筋目有之抔と申唱候へ共、元禄度不残平百姓ニて御代官小堀仁右衛門殿より御引渡ニ相成候、爾来今以宗門人別帳も苗字認不申候、若自儘ニ古来之筋目為申立候而ハ、侍筋之者も諸国ニ難算尽儀ニ有之候、殊今般不容易御時勢御固場其外不時用意地頭所ニおいて専勘弁有之事ニ御座候得者、右帯刀之者如何様之願筋仕候とも御取上ケ被下間敷候、此段宜敷御取図御門主様江被仰上被下度御頼、可得其意旨江戸表牧豕郎より申越候間如斯ニ御座候、可然御披露可被下候、以上

十二月四日

杉浦牧豕郎使者

小畠杢之允

右之通東本願寺御殿江願出候ニ付、則御殿より意御座候ニ付御返答申上候、左候

ケ条返答覚

一馬路村之儀御代官小堀仁右衛門殿より元禄十一年五月中杉浦内蔵允殿へ御引渡之節、収納之儀者百姓ニ而御引渡ニ相成候哉も難計、両苗之儀者元より郷士既ニ万治年中御奉行五味備前守殿よりも御戴許書人見・中川と御認メニ而被下置、元禄之渡(度)・享保度江戸表於御評定被仰渡候廉も有之候、且両苗郷士御調之儀者右年中寛政度・天保度御改革之度毎預御調ニ左候得者、収納御引渡ト郷士之廉者別々之事之様ニ相心得居申候事

一右ニ付収納之儀者、御代官小堀仁右衛門殿御支配ニ而、御取扱ニ相成候事と存罷在候事

一郷士之儀者寛永年中百姓共ト差縺出来候ニ付、御所司代板倉周防守殿江出願致し、御奉行五味備前守殿御捌ニ而被仰渡候、依之前文之通御改革度々御改有之申上来リ候事

一右之次第ニ付収納幷村用之儀ニ有之候得者、地頭より彼是申立候儀も尤ニ存罷在候事

一郷士身分を彼是申立候者、地頭心得違之様ニ存罷在候事

月　日

一馬路村之儀者両苗高ニ在之、小百姓共ニ為作夫より取立、両苗より収納致来り候事

一郷士身分ニ付田地向家来之者ニ支配為致来リ候処、取立厳敷追々難渋仕家来任ニ難相成、依之私共乍内々田地向取扱致し罷在候事

一地頭より帯刀之儀者延享年中人見団右衛門より申候者、御地頭家来無数勤番被申付候哉も難計、然ル時者、郷士帯刀ニ而者差支候儀故、地頭帯刀被相免候様可致出願旨致相談候ニ付、一統可然ト承知いたし右廉ニ而御座候事

一其後一統相談ニ者元より帯刀之身分ニ候得者、地

頭帯刀不承知之旨申立候もの多、依テ難渋と申立、
　地頭帯刀相断申候事
一文政度地頭より帯刀彼是故障被申、依而又々致出
　願候事
一地頭之勝手ニ附而者帯刀ニ而呼出し、又者土百姓ニ
　而呼出し自儘之取計被致候ニ付、一統帰伏不致候
　事
一右証拠儘有之当夏以来より　一橋様江参殿仕候節
　も郷士ニ付其御取扱被成下候処、九月晦日地頭役
　人より両苗之内五人苗字を削り土百姓同様ニ呼出
　し　一橋様江度々罷出エミ抔致候杯ト申立、揚ケ
　屋入幷入牢申付事、又候今般前々之廉江立戻リ十
　月廿三日苗字ヲ削リ五人共呼出し仕、依之一統及
　混雑ニ多人数上京仕候事
一当節ニ至り地頭より帯刀差許候抔と被申立候者、
　不得其意弥以地頭より差免候帯刀ニ御座候ハハ、
　猶更其取扱ニ被致候筈と相心得候事
一地頭より此度両苗之者郷士相立度旨とて、四拾人
　余徒党致候抔と申立不埒之事ニ御座候、元来両苗
　之者共儀由緒書も入御覧ニ候通、往古より将軍家
　御代々御加勢仕候先例も在之、当時之御時節世上
　不穏候ニ付、身不肖之私共儀ニ御座候得共、抛身
　命御公儀様江御加勢仕度旨夫々内願仕候、尤も為
　規定連判取之候事、何分地頭之申立者自儘之様ニ
　存候間、此段御賢察奉願上候

郷士惣代
十二月　　人見軍治
　　　　　中川種次郎

口上覚
過日以御書取御申入有之候、其御知行所丹州桑田郡
馬路村郷士人見・中川両苗之者、先頃来致上京願意
有之趣、則当山江も願立仕候ニ付、右者前々より於
其御方入組之次第も御座候ニ付、何等願出候共決而
取用無之様被成度旨委面御書取之趣承知被致候、就

夫ニ右両苗之者願品も有之候得共、於当山強而被成御取合候訳柄ニも無之、乍去右両苗之者往古より当山江由緒も御座候処、年暦相隔候ニ付自然等閑ニ成行候段歎ケ敷存候ニ付、此度旧例ニ復し当山江立入之儀願出候ニ付、及取調候処相違も無之次第、殊ニ当山家来共之内右両苗之内より重縁之者も数多御座候、旁願意之通立入被差免候段、過日内意被申渡候事ニ御座候、尤も其家之儀者旧来当山御宗門之儀ニ而格別之御由緒御座候御事ニ候得者、御知行所御差支ニ相成候儀被取扱候訳柄も無御座、往古之以由緒ヲ立入被申付候次第ニ御座候間、此段宜敷被預御承知度候、以上

本願寺御門跡御使

十二月十二日　　松岡丈内

あとがき

当著は、近世における丹波国人見・中川「両苗」郷士に関して、すでに五十七年ないし五十三年前に発表した拙稿を基礎に、若干の補筆と編成替えを行い纏めたものである。

顧みれば、私が立命館大学経済学部の助手に就任したのは、昭和二十九（一九五四）年四月のことである。就任当時、日本の社会経済史の研究に取り組むこととなり、まず日本農村史研究の一環として手がけたのが、特に近世農村における郷士の調査研究であった。その研究動機を与えてくれたのは、恩師故大山敷太郎先生の紹介による。丹波国南桑田郡馬路村（現・京都府亀岡市馬路町）の人見家を訪れたのは、昭和三十年八月の真夏のことである。馬路村の村落および郷士に関する厖大な文書を同家の蔵から出して頂き、現地でその整理に何回か京都・二条駅〜亀岡駅間を通うとともに、文書の一部を借用して大学の研究室でも整理に当たる一方で、三十一年より数年間郷士についての執筆に取りかかったことが回想される。

この頃、それは昭和三十四年頃であったと思われるが、同志社大学人文科学研究所において「近畿地方村落の綜合研究」の統一テーマでもって丹波地方の農村調査プロジェクトが組織され、馬路村その他周辺村々の本格的な調査が行われるとともに、歴史学・経済史・法制史・社会学・民俗学の専門家から成る同研究所メンバーによって共同研究が進められていったと記憶している。そして当組織メンバーの中心にあった故秋山国三先生の勧めで、また、京都鳴滝の極く近所に住み日頃懇ろにしていただいていた故吉川秀造先生からも話があり、私は当研究会にオブザーバーとして少しく参加させて頂き、人見家文書の紹介などを行ったりしたものである。この人見家文書と研究所メンバーが同時に調査収集された馬路町自治会所蔵文書等とを併せて『丹波国南桑田郡馬路村両苗文書』（同志社大学人文科学研究所紀要、第四号、昭和三十五年十一月）と題して翻刻された。この両苗文書は主に同村の身分関係に焦点をおき編集されている。なお、これに先だち同研究所から馬路村町自治会蔵『馬路村資料目録』（昭和三十二年十月、ガリ版刷）が発行されている。こうして数年後に先述の研究所メンバーによって吉川秀造編『近畿郷士村落の研究 ― 丹波国馬路村』（同志社大学人文科学研究叢書Ⅳ、昭和三十九年三月）と題する研究成果の集大成をみたものである。

ところで、同志社大学から右の近畿郷士村落の研究が発行される前の昭和三十一年から、三十五年にかけて私は、近世郷士の存在形態の課題のもとに、主として人見家文書を用いて馬路村両苗郷士の由緒、組織、対旗本領主関係、村方支配の実態、経済的基盤、土地経営事情などに関する論稿を、『立命館経済学』（昭和三十一年十二月・第五巻第五号、三十二年十二月・第六巻第五号、三十四年二月・第七巻六号）に発表し、また、両苗郷士の政治運動の展開に関して『立命館経済学』（昭和三十五年四月・第九巻第二号）に発表しておいた。しかし、こうした日本の社会経済史的研究も、実は経済学部の要請によって経営史研究へと大きく転換せざるを得なかったために、それまでの研究は道半ばにして断念せざるを得ない事情におかれたものである。それは、昭和三十七年経済学部経営学科から経営学部を新しく創設するに当たって、その三年前の昭和三十四年四月に経営学科に全国的にも早く経営史の講義がカリキュラムに組まれ、この講義を私が担当することになったからである。近世日本の社会経済史の専攻から近代の経営史の研究に専念するために、この頃を契機に経営史の先進国であるアメリカ経営史ならびに当時華やかに論争されていたアメリカ制度派経営学の勉強に研究仲間と共に暫く没頭したことを想い出す。その後、福岡の西南学院大学に移ってからも、近代日本の主に明治期における「綿糸紡績企業の経営史的研究」を統一課題として勉強してきたものである。

しかして、以上のような諸事情を経てきた中での、いわば中途半端とも言える先述の古い論稿を小著にまとめ上梓するにあたって、いささか躊躇を感じざるを得ない。それは、過去五十有余年間の空白を埋めるために必要不可欠な郷士その他に関する文献・史料を渉猟しないままでは、また本文に記述の歴史認識を再確認しないままではとの後ろめたい思いや、拙稿の両苗郷士の政治運動の展開を別にして、両苗の村内における身分的地位、村方支配、経済的基盤等々に関する実態について、近畿郷士村落の研究においてかなり深められ、私が言及し得なかった部分も解明されており、この意味において、もはや陳腐化したと思われる拙稿を出版することの意義が奈辺に在るかを考えざるを得ないからである。だが、ここに敢えて刊に付する理由は、上記の近畿郷士村落の研究の執筆にあたられた諸先生の論稿あるいはその他に拙稿の引用がしばしば見られることにもよるが、今や八十八歳に達した私にとって、研究上の自分史における若き日の記念として、「覚書」としてでも残しておきたい、という強い思いによる以外の何ものでもない。この点、何卒ご寛恕をお願いしたい。なお、当著に利用した「人見家文書」を翻刻し併載しておいた。貴重史料を少しでも後世に残しておきたいとの思いと、多くの人々の利用に供したいとの思いからである。

末尾ながら、こうした小著を出版するにあたって、まず何よりも貴重な文書借覧の便宜を快く与えて下さった人見家の先代人見惣一氏、現当主人見八十八氏および恩師大山敷太郎先生に対し、また馬路町自治会、約半世紀前お世話になった同志社大学人文科学研究所の研究メンバーの諸先生および立命館大学図書館に対しても、心から深甚なる感謝の意を表するものである。

さらに、今回小著の出版を引き受けて頂いた海鳥社と編集担当の柏村美央さんの一方ならぬご協力に心から厚くお礼を申し上げる。

岡本幸雄

平成二十六年三月末日

岡本幸雄（おかもと・ゆきお）
元立命館大学教授、西南学院大学教授。
現在、西南学院大学名誉教授。

丹波国《たんばのくに》馬路《うまじ》帯刀《たいとう》郷士《ごうし》覚書《おぼえがき》

■

2014年5月20日　第1刷発行

■

著者　岡本　幸雄
発行者　西　俊明
発行所　有限会社海鳥社
〒812-0023 福岡市博多区奈良屋町13番4号
電話092(272)0120　FAX092(272)0121
http://www.kaichosha-f.co.jp
印刷・製本　九州コンピュータ印刷
ISBN978-4-87415-906-4
［定価は表紙カバーに表示］